Ludica: collana di storia del gioco
diretta da Gherardo Ortalli e Alessandra Rizzi

13. *Lotterie, lotto, slot machines.*
L'azzardo del sorteggio: storia dei giochi di fortuna /
Lotteries, lotto, slot machines.
The luck of the draw: a history of games of chance

Lotterie, lotto, slot machines.
L'azzardo del sorteggio:
storia dei giochi di fortuna
Lotteries, lotto, slot machines.
The luck of the draw:
a history of games of chance

a cura di / edited by
Gherardo Ortalli

Fondazione Benetton Studi Ricerche / Viella
Treviso / Roma 2019

Ludica
pubblicazioni della Fondazione Benetton
Studi Ricerche, Treviso

Coordinamento editoriale: Patrizia Boschiero;
collaborazione: Chiara Condò;
traduzioni e revisioni linguistiche
di John Millerchip;
collaborazione grafica di Metodo studio.

Fondazione Benetton Studi Ricerche
via Cornarotta 7-9, I-31100 Treviso
tel. +39 0422.5121, fax +39 0422.579483
pubblicazioni@fbsr.it www.fbsr.it

Viella Libreria Editrice
via delle Alpi 32, I-00198 Roma
tel. +39 06.8417758, fax +39 06.85353960
info@viella.it www.viella.it

I contenuti di questa pubblicazione coincidono
con quelli della sezione monografica della rivista
«**Ludica. Annali di storia e civiltà del gioco**»,
24, 2018 (pp. 111-144), pubblicata anch'essa dalla
Fondazione Benetton Studi Ricerche con la
collaborazione di Viella.
*The contents of this publication correspond to
those of the monographic section of the journal*
Ludica. Annali di storia e civiltà del gioco,
*24, 2018 (pp. 111-144) published jointly by the
Fondazione Benetton Studi Ricerche and Viella.*

Le riproduzioni dei documenti e degli oggetti
esposti nella mostra, ove non fornite dai
prestatori, sono state realizzate da Davide Buso
per la Fondazione Benetton Studi Ricerche
che è disponibile a regolare eventuali spettanze
per le immagini delle quali non sia stato possibile
reperire la fonte.
*Where not provided by lenders, the reproductions
of documents and objects displayed in the exhibition
were created by Davide Buso for Fondazione Benetton
Studi Ricerche which is fully prepared to pay any fees
due for illustrations for which it has not proved possible
to trace the source.*

**Lotterie, lotto, slot machines.
L'azzardo del sorteggio:
storia dei giochi di fortuna**
Mostra a cura di Gherardo Ortalli
realizzata dalla Fondazione
Benetton Studi Ricerche
in occasione del suo trentennale,
nell'ambito delle attività della rivista
«Ludica. Annali di storia e civiltà del gioco».
Treviso, Fondazione Benetton
Studi Ricerche, palazzo Bomben
17 novembre 2017-14 gennaio 2018.

Alla costruzione del progetto scientifico,
curato da Gherardo Ortalli, ha collaborato
Alberto Fiorin e hanno contribuito in
vario modo *Thierry Depaulis, Marco Dotti,
Alessandra Rizzi, Marco Tamaro,
Manfred Zollinger*, oltre a tutti i prestatori.
Al progetto e all'organizzazione della
mostra hanno collaborato in particolare:
Patrizia Boschiero (coordinamento, editing),
Diana Gentili (gestione spazi espositivi).
Progetto di allestimento espositivo
e grafica: *Peter Paul Eberle*.
Illustrazioni: *Francesca Rizzato*.

Si ringraziano tutti coloro che hanno
generosamente collaborato rendendo
disponibili documenti, giochi, oggetti di
diverso genere, in particolare i seguenti enti,
collezionisti privati e studiosi:
Silvio Berardi (Bologna);
Biblioteca Classense (Ravenna), in particolare
Daniela Poggiali;
Collezione Alberto Milano (Milano),
in particolare *Susan Milano* e
Umberto Padovani;
Teodomiro Dal Negro-Fabbrica carte da gioco
(Carbonera, Treviso), in particolare
Franco Dal Negro;
Alberto Fiorin (Venezia);
Lotteria Nazionale Belga/Nationale Loterij
(Bruxelles), in particolare *Anne-Marie Buffels*;
Musei Civici di Treviso, in particolare
*Emilio Lippi, Maria Elisabetta Gerhardinger,
Maria Paola Lamarina*;
Museo Correr-Fondazione Musei Civici Venezia,
in particolare *Andrea Bellieni*;
Museo Nazionale Collezione Salce (Treviso),
in particolare *Marta Mazza*;
Gherardo Ortalli (Venezia);
Zina Sangiorgi (Bologna);
Manfred Zollinger (Vienna).

**Lotteries, lotto, slot machines.
The luck of the draw:
a history of games of chance**
Exhibition curated by Gherardo Ortalli
and organized by the Fondazione
Benetton Studi Ricerche to mark its
thirtieth anniversary, in the ambit of
activities associated with the journal
Ludica. Annali di storia e civiltà del gioco.
Treviso, Fondazione Benetton
Studi Ricerche, palazzo Bomben
17th November 2017-14th January 2018.

The scientific concept of the exhibition,
curated by Gherardo Ortalli, was devised
and developed by *Alberto Fiorin* with
contributions of various kinds from
*Thierry Depaulis, Marco Dotti, Alessandra Rizzi,
Marco Tamaro, Manfred Zollinger*
and all the lenders.
Special responsibility for the development
and organization of the exhibition lay with:
Patrizia Boschiero (coordination, editing),
Diana Gentili (management of
exhibition spaces).
Designer of the exhibition display
and graphics: *Peter Paul Eberle*.
Illustrations: *Francesca Rizzato*.
The Foundation is grateful to all those
who collaborated so generously, lending
documents, games and various other
items, especially the following institutions,
private collectors and scholars:
Silvio Berardi (Bologna);
Biblioteca Classense (Ravenna),
especially *Daniela Poggiali*;
Alberto Milano Collection (Milan), especially
Susan Milano and *Umberto Padovani*;
Teodomiro Dal Negro-Playing-card manufacturer
(Carbonera, Treviso), especially
Franco Dal Negro;
Alberto Fiorin (Venice);
Belgian National Lottery/Nationale Loterij
(Brussels), especially *Anne-Marie Buffels*;
Treviso Civic Museums, especially
*Emilio Lippi, Maria Elisabetta Gerhardinger,
Maria Paola Lamarina*;
*Correr Museum-Foundation of Venetian
Civic Museums*, especially *Andrea Bellieni*;
Salce Collection National Museum (Treviso),
especially *Marta Mazza*;
Gherardo Ortalli (Venice);
Zina Sangiorgi (Bologna);
Manfred Zollinger (Vienna).

Indice/Contents

Premessa

Le mostre più o meno occasionali o celebrative, a lungo meditate o semplicemente a effetto non sono davvero una rarità e anzi il calendario ne è pieno proponendone dovunque e in continuazione. Dunque spiegare le ragioni di una mostra come quella di cui si pubblica un sunto può apparire un'iniziativa scontata. In realtà la mostra organizzata a Treviso tra il novembre 2017 e il gennaio 2018 è qualcosa di meno e qualcosa di più. Certamente è qualcosa di meno perché non ha voluto giocare la carta dell'evento grandioso, dei prestiti stupefacenti, degli oggetti di grande impatto e di internazionale rilievo, con lunghe preparazioni ed enormi investimenti. Tutto vero, ma è anche qualcosa di più e di diverso perché ha voluto essere l'esito di anni di studi specifici e di ricerche su temi che una tanto solida quanto superficiale valutazione di merito ha relegato tra il frivolo, il curioso, magari il divertente, persino (per molti suoi risvolti) il drammaticamente pericoloso, ma tuttavia lontano dagli aspetti ritenuti "seri" della cultura anche storica.

In effetti che alla base dell'iniziativa ci fosse l'impegno a riscoprire la "serietà del gioco" non emerge soltanto dal tema assunto come fulcro della mostra, ossia quell'azzardo, quel gioco di fortuna che da sempre si caratterizza per conseguenze spesso gravi e persino patologicamente drammatiche. Avere rivolto l'attenzione in specifico all'azzardo è stata una scelta tematica di immediata percezione nella sua "serietà". La stessa immagine assunta come "copertina" e "logo" vuole dichiararlo in modo esplicito. All'orrido drago che rappresenta l'azzardo armato dei suoi strumenti (carte e dadi), capace di distruggere case e castelli e rapinare tesori, è la maturità del saggio che può porre un freno, proteggendo con l'insegnamento il giovinetto in pericolo: in sostanza, l'esperienza deve essere la difesa e la garanzia per il futuro che cresce. Al di là dei simboli, quello ai giochi di fortuna è parso il riferimento più efficace per rendere subito esplicito come e quanto il gioco possa essere anche un problema drammaticamente serio.

Se l'azzardo è la metafora estrema del grande ruolo che il gioco può avere nel vivere quotidiano, al di là del simbolo c'è quella realtà complessiva che si combina in un mondo di attitudini, comportamenti e pratiche di ogni genere. Così il gioco può essere benissimo anche serenità, impegno, ricerca, svago, economia, cultura, arte, indagine, socialità, educazione: elemento pervasivo, innato nei comportamenti individuali e collettivi, fin dalla prima infanzia strumento di formazione e molto altro ancora. Tutto può trasformarsi in gioco e il gioco può entrare in ogni aspetto del vivere sociale: dai più limpidi e sereni ai più drammatici. In sostanza: dobbiamo prendere atto della "serietà del gioco" e in questa formula può ben riconoscersi un impegno culturale che la Fondazione Benetton Studi Ricerche ha voluto assumere svolgendo un ruolo senz'altro d'avanguardia. Infatti già al momento della sua nascita voluta nel 1987 dalla famiglia Benetton, la Fondazione ha indicato tra i settori di speciale rilievo, insieme al paesaggio e ai beni culturali, anche il gioco in tutte le sue manifestazioni, in quanto espressione ineliminabile nella vita delle comunità.

La scelta, che poteva apparire insolita per un'istituzione d'alta cultura, si sarebbe invece rivelata di straordinaria efficacia, promuovendo un ruolo fino ad allora negato al gioco come fenomeno fondamentale nella struttura delle società. Importante fu il muoversi subito con iniziative di alto prestigio, con un comitato scientifico internazionale, una serie di convegni (a partire da quello del 1994 organizzato con l'Università di Bonn), una collana di libri, una rivista specialistica, «Ludica. Annali di storia e civiltà del gioco», che esce dal 1995 avendo pubblicato finora saggi di oltre duecento studiosi di ventitré paesi diversi. Quanto ai ricer-

Lotterie, lotto, slot machines. L'azzardo del sorteggio: storia dei giochi di fortuna

7

catori più giovani, sono state attribuite settantatré borse di studio a neolaurea-
ti italiani e da ultimo quattro premi a saggi inediti, con nuovo bando internazionale. Il risultato di questo impegno è l'avvenuto riconoscimento della serietà
e dell'importanza del gioco quale componente sostanziale e ineliminabile del vivere sociale e della sua storia. Non a caso grazie agli studi maturati nell'ambito
della Fondazione si è ormai affermato un nuovo concetto: quello della "ludicità", oggi largamente accolto in campo non soltanto storiografico.

A questo punto si può legittimamente chiedere cosa c'entri la lunga vicenda di
un settore della Fondazione Benetton con la specifica mostra *Lotterie, lotto, slot machines* della quale si presenta il piccolo catalogo. Qui torniamo al punto di par-
tenza: il carattere speciale di questa mostra è l'essere il prodotto facilmente leggibile di molti anni di ricerche e studi. Quasi senza averlo programmato, sembrò
utile in occasione del trentesimo anno di vita della Fondazione dare un contri-
buto che fosse testimone del lungo lavoro svolto. Così si volle offrire in modo
chiaro e gradevole un piccolo campione che testimoniasse gli anni di studi e ricerche che stavano alle spalle. In poche settimane si costruì la mostra e fu possibile perché ben si sapeva di cosa si trattava. Non a caso volendo scegliere un tema si optò per quello più delicato, attuale e perciò difficile: l'azzardo. Chi leggerà
quanto vogliamo ne resti a pur modesta testimonianza in questo piccolo quader-
no di sintesi, ritroverà una storia dei giochi di fortuna che ci permettiamo di ri-
tenere (dopo lustri di ricerche) assolutamente seria, meditata e insieme leggibile
senza la ineluttabile (ma giusta!) pesantezza delle trattazioni erudite. Nelle immagini avrà un buon campione della varietà e della fantasia dei giochi. Potrà sempre riconoscere nell'evoluzione dell'azzardo lo specchio e il risultato degli sviluppi
della società nel corso dei secoli. Se si vuole: è una mostra "fatta in casa", che soltanto la Fondazione Benetton poteva fare insieme ai suoi amici ed estimatori.

Gherardo Ortalli

Introduction

More or less occasional or celebratory exhibitions, whether planned at length or meant merely to impress, are by no means a rarity; indeed the calendar is full of them. So setting out to explain the rationale underlying an exhibition such as the one we outline in this publication may seem an easy task. In actual fact, the exhibition held in Treviso between November 2017 and January 2018 is both something less and something more. Certainly something less because it didn't tie its fortune to the trappings of an ostentatious event, with breathtaking loans and headline-grabbing displays, long-drawn-out preparations and enormous investments. True enough, but it was also something more and something different because it aspired to present the results of years of specific study and research into topics that firmly rooted but stubbornly superficial appraisal had relegated to the ranks of the frivolous, the curious, the amusing and even (in many ways) the dramatically dangerous; in any case to regions occupied by subjects considered culturally and historically 'serious'.

Indeed, underpinning our approach to the exhibition was a commitment to rediscovering the 'seriousness of games,' and this emerges not only from the games of chance that figure in its title, the gambling that has always been associated with often serious and even pathologically dramatic consequences. The decision to focus on gaming speaks for itself in terms of the seriousness of games. And the image chosen as the exhibition's emblem and 'logo' explicitly declares as much: the fearsome dragon symbolizing gambling, armed with cards and dice and intent on destroying houses and castles and seizing treasures, countered by the maturity of the wise man who can thwart the danger by protecting the young man through his teaching: in short, experience must provide a defence and a guarantee for the future to grow. But it's not only a question of symbols. We judged that a focus on gambling was the most effective and immediate way of demonstrating how and how much games can also represent a strikingly serious problem.

If gambling is the most extreme metaphor for the major role games can play in our daily lives, our complex world of behavioural patterns, attitudes and practices allows them to take many other forms. Game-playing can also connote calm and composure, determination, effort, enjoyment, economics, culture, art, research, socializing, education and much more: it is a pervasive phenomenon, innate in individual and social behaviour and an aid to education and other life skills from earliest infancy. Anything can change into a game and games can play a part in every aspect of social life: from the simplest to the most dramatic. In short, it is essential that the 'seriousness of games' be recognized and acknowledged and the Fondazione Benetton Studi Ricerche has long undertaken a cultural commitment to this end, performing a role of ground-breaking importance. Indeed, since the moment the Benetton family set up the Foundation back in 1987, it has always reserved special attention, beside landscape and cultural heritage, for all forms of games as an ineliminable feature of social life.

This choice, which may perhaps appear surprising for an institution of high culture, has on the contrary proved extraordinarily effective, enabling games, for the first time at an international level, to assume a role as a fundamental phenomenon in the life of society. It was important that a mark be made immediately with activities of the highest level: the appointment of a distinguished international scientific committee, a series of conferences (starting with one organized with the University of Bonn in 1994), a series of books, a specialist journal, *Ludica. Annali di storia e civiltà del gioco*, which, since its first issue in 1995, has

Lotteries, lotto, slot machines. The luck of the draw: a history of games of chance

9

published studies by over two hundred scholars from twenty-three different countries. And as for younger researchers, the Foundation has assigned seventy-three bursaries to newly-graduated Italians and has recently awarded four prizes for unpublished studies, with a new, international-scope call for submissions. The result of this commitment is the now universal recognition of the seriousness and importance of games as an element of social life and its history. It is no coincidence that thanks to research pursued by and under the auspices of the Foundation 'ludicity' has now established itself as a historiographical concept.

At this point one may well ask why the long history of one department of the Fondazione Benetton should be relevant to the specific exhibition entitled *Lotteries, lotto, slot machines*, and this little catalogue. And here we return to our starting point: the special character of this exhibition is that it is the easily 'readable' product of many years of research and study. Almost without forward planning, it seemed appropriate to mark the Foundation's thirtieth anniversary with a contribution that bore witness to the mass of work it had fostered. So the idea was to offer a small, but clear and enjoyable illustration that would testify to the years of study this represented. The exhibition was put together in just a few weeks, an undertaking that was feasible because we knew exactly what we were doing. And it was not by chance that in choosing a title we opted for the most sensitive, topical and therefore difficult: games of chance and gambling. Readers of this little booklet containing what we wish to endure as a modest testimony to the venture will find a history of games of chance that we can claim (after many years of research) is absolutely serious and thoroughly thought through but at the same time free of the justly weighty and necessarily complex apparatus that accompanies erudite treatises. The illustrations provide an entertaining sample of the variety and originality of games. And the cumulative effect reveals the evolution of gambling to be a reflection and the result of how society has developed over the centuries. The exhibition was, if you wish, a homemade affair. But it was something only the Fondazione Benetton could achieve, with the help of its friends and admirers.

Gherardo Ortalli

10

Lotteries, lotto, slot machines. The luck of the draw: a history of games of chance

GHERARDO ORTALLI **I presupposti di una mostra**
Presentazione

I. Giocatrici di dadi, immagine tratta da ANDREA ALCIATI, *Emblemata, apud Guilielmum Rovillium*, Lione 1566. Collezione privata.
Gli "emblemi" sono le immagini che, a partire dal fortunatissimo volume di Andrea Alciati, divennero un raffinato "gioco" colto, simboleggiando concetti e pensieri.

Ladies playing dice, image taken from ANDREA ALCIATI, Emblemata, apud Guilielmum Rovillium, *Lyon 1566. Private collection. The 'emblems' are the images which, following the considerable success enjoyed by Andrea Alciati's book, formed the basis of a sophisticated 'game', symbolizing philosophical thought and concepts.*

1

Un approfondimento dedicato alla mostra organizzata nel 2017 dalla Fondazione Benetton Studi Ricerche in occasione del suo trentesimo anno di vita, merita qualche nota preliminare, anzitutto chiarendone i perché, i presupposti e le ragioni delle scelte tematiche, tenendo conto di come rispondano alla linea culturale perseguita dalla Fondazione stessa. In effetti il taglio cronologico, l'impostazione concettuale nonché l'individuazione degli oggetti da esporre sono stati collegati a studi promossi da tempo, non inutili avendo contribuito a rendere accettabile un concetto in altri anni forse sorprendente: quello della serietà del gioco, meritevole di essere preso "sul serio" nelle sue espressioni in quanto momento essenziale nella vita delle società. Così la mostra, dedicata non tanto al gioco di fortuna quanto alla sua storia, ha puntato su alcuni momenti peculiari della lunga vicenda della ludicità maturati nel corso dell'età moderna, individuandone passaggi specialmente significativi anche per un oggi in cui il gioco di fortuna è una presenza forte e per molti aspetti preoccupante del vivere quotidiano.

L'antichità del gioco di fortuna

Gioco, sorte, scommessa, passatempo, denaro, fortuna, azzardo e altro ancora: sono concetti e realtà che nel vivere collettivo si esprimono in modi e tempi diversi e con sfumature variabili. La loro storia è davvero lunga e (per poi giungere alla modernità che soprattutto ci interessa) si può risalire nei secoli sia pure con ottiche differenti. Se il gioco, infatti, è una pulsione innata che accompagna dalle primissime fasi di vita tutti i cuccioli (e non solo quelli dell'uomo) con un ruolo

N.d.r.
An English translation of this *Introduction* appears on pp. 36-39.

Lotterie, lotto, slot machines. L'azzardo del sorteggio: storia dei giochi di fortuna

11

2

2. Cartelle per il gioco
della tombola, seconda
metà del secolo XVIII.
Collezione Silvio Berardi, Bologna.
Al centro di ogni cartella una
fascia con i numeri della tombola.
Nelle parti superiore e inferiore
vi sono figurine intagliate e
incollate che, oltre a una funzione
decorativa, probabilmente
venivano utilizzate per altri giochi.

Cards for the game of Tombola,
second half of the 18th century.
Silvio Berardi Collection, Bologna.
The band of numbers across the centre
of each card relates to the game of
Tombola, whereas the cut-out images
stuck across the top and bottom
were probably intended to be both
decorative and also to be used for
various other games.

fondamentale per la loro formazione, per le altre realtà sopra indicate occorre invece una struttura sociale in qualche modo organizzata che ne definisca modi e strumenti, e a recuperare il loro indiscutibile ruolo ci aiutano moltissime testimonianze, partendo dai risultati dell'archeologia, ma pure dalle più antiche attestazioni scritte, in qualche caso anche imprevedibili. Così vediamo come alla sorte si ricorresse ampiamente nell'Antico Testamento e, per esempio, fu a essa che per ordine del Signore si rivolse Giosuè nel dividere la Terra promessa fra le tribù d'Israele, e nel Nuovo Testamento gli apostoli, per scegliere il dodicesimo che sostituisse Giuda, invocato Dio «tirarono a sorte fra loro e la sorte cadde su Mattia che fu associato». Quanto alla fortuna e al passatempo, i dadi sarebbero stati un'invenzione del mitico Palamede all'epoca della guerra di Troia, ma già prima ci si distraeva con il loro antenato, l'astragalo: un ossetto (il tarso posteriore degli ovini) che poteva servire come un dado a quattro facce; e più antico ancora è l'egiziano Senet, il gioco da tavolo risalente almeno al quarto millennio avanti Cristo. Gli esempi sarebbero infiniti: in fondo un passatempo si riesce a trovarlo comunque e dovunque, sia che si voglia vincere la monotonia durante il lungo assedio di Troia o mostrare la propria abilità all'epoca dei faraoni sia semplicemente chiudere un momento di ozio.

Ma non vale la pena insistere su ognuno di quei concetti e realtà indicati all'inizio. Meglio piuttosto pensare a quanto si pone al loro intreccio: l'azzardo. In effetti è superfluo insistere sull'antichità del denaro e dei suoi precedenti con valore di scambio, così come sulla scommessa combinata alla fortuna che pure può

3

sempre farsi su tutto, ma quello che interessa è il combinarsi tra quei due elementi. L'azzardo è in specifico quello che amalgama la sorte e il denaro, con particolare riferimento all'età moderna in cui quella combinazione divenne concettualmente chiara e praticamente diffusa. In realtà non possiamo dimenticare gli indiscutibili precedenti. Tutto il dibattito attuale su liceità e rischi del gioco d'azzardo non può prescindere, ad esempio, dai concetti messi in essere già dal diritto romano e dalla sua regolamentazione che escluse le scommesse di denaro, anche se è vero che, per fare casi ben noti, l'imperatore Augusto poteva perdere 20.000 sesterzi in una giornata e Nerone era abituato a puntate altissime, mentre l'imperatore Claudio stese addirittura un trattato sui dadi e fece sistemare la propria vettura in modo che il suo movimento non gli disturbasse il gioco. Tutto questo comunque non impediva le durissime norme contro l'azzardo, ma del resto sempre si trova chi è in grado di fare quanto agli altri è proibito.

Tra medioevo ed età moderna

I tempi però cambiano e con la crisi del mondo antico e della cultura classica, con il tracollo dell'impero romano, con le invasioni barbariche e il passaggio a un alto medioevo di profonda decadenza l'azzardo (non il gioco) perse respiro. In particolare la moneta si faceva sempre più rara, con l'economia che scivolava ampiamente verso il baratto. Così il binomio sorte/denaro diveniva monco e un ritorno all'azzardo come fenomeno di ampio rilievo si sarebbe avuto soltanto una volta maturata la grande ripresa che, a partire (come spiegano gli storici) dall'anno Mil-

3. Giocatori d'azzardo intenti alla divisione delle vincite. A destra scena di gioco e in primo piano una rissa come conseguenza. Xilografia di Hans Weiditz, noto come "il Maestro di Petrarca"; tratta da FRANCESCO PETRARCA, *Hülff, Trost und Rath in allem anligen der Menschen* [De remediis utriusque fortunae], Christian Egenolff Erben, Francoforte 1596. Collezione privata.

Gamblers intent on dividing up their winnings. Top right, a game in progress and bottom right, the outcome: a brawl. Woodcut by Hans Weiditz, also known as the 'Petrarch Master'; from FRANCESCO PETRARCA, Hülff, Trost und Rath in allem anligen der Menschen [De remediis utriusque fortunae], *Christian Egenolff Erben, Frankfurt 1596. Private collection.*

4

le, avrebbe lentamente garantito più positivi equilibri. La nuova realtà si combinò allora con le antiche, innate pulsioni ludiche e il gusto del gioco ora poteva appoggiarsi su un sistema che rimetteva abbondantemente in circolo il denaro. Il mondo cambiato stava intanto precisando tutti i parametri fondamentali dell'economia moderna e poteva riscoprire l'azzardo con i suoi caratteri e insieme i suoi rischi. Furono tempi di grandi novità per il gioco. I giuristi e i legislatori tornano così a occuparsi dei disastri che l'azzardo può indurre precisando norme e pesanti divieti. Intanto le pratiche ludiche si diffondono specializzandosi. Soprattutto dal Duecento gli stati europei, a fianco delle proibizioni radicali e spesso difficilmente applicabili di un tempo, scoprono i vantaggi finanziari che se ne possono ricavare. Con modalità di vita, strutture sociali e gestioni politiche sempre più articolate e dunque costose, quanto rimane proibito comincia a essere concesso entro precisi limiti e a determinate condizioni, con ritorni finanziari ormai indispensabili in situazioni di crescente complessità economica. In sostanza, è dal Duecento che le autorità iniziano lentamente, in giro per l'Europa, a gestire in proprio o piuttosto a concedere in appalto il gioco di denaro, facendone una fonte di entrate e favorendo la nascita di quello che potremo poi definire lo "stato biscazziere", gestore diretto o indiretto del gioco di denaro.

Sono le esigenze reali delle comunità a spingere verso la creazione di luoghi precisi in cui l'azzardo è recluso ma al tempo stesso consentito, pur restando ordinariamente e dovunque condannato. L'appalto della baratteria duecentesca, ossia del luogo dove si può giocare denaro con un ritorno finanziario pubblico, in fondo significa l'accettazione della logica che poi durerà per secoli fino alle lotterie, ai lotti, ai ridotti, ai moderni casinò, fino a oggi con le puntate informatiche o le lotterie istantanee, i gratta-e-vinci o le slot machines. Ma intanto, a partire dalle prime sistematiche esperienze duecentesche, le condizioni si sviluppano aprendo nuo-

5

4-5. *Il vero mezzo di vincere al lotto, ossia nuova lista alfabetica di tutte le voci appartenenti a Visioni e Sogni col loro numero. Opera di Fortunato Indovino, da esso tratta dall'anonimo cabalista, e da Albumazar da Carpenteri*, presso Andrea Santini e figlio, Venezia 1812, frontespizio e figg. 55-66. Collezione privata.

Il vero mezzo di vincere al lotto... *(The true way to win at lotto; a new alphabetical list of all forms of Visions and Dreams, together with their numbers. Compiled by Fortunato Indovino from works by an anonymous cabalist and by Albumazar da Carpenteri)*, printed by Andrea Santini and Son, Venice 1812, frontispiece and figs 55-66. Private collection.

ve possibilità al gioco. Già dal secolo X erano comparsi in Europa gli scacchi, a torto ritenuti monopolio delle aristocrazie anche se ne furono una pratica privilegiata, e tuttavia ebbero un ruolo del tutto marginale rispetto agli antichissimi dadi: vero strumento dell'azzardo. La grande novità si ebbe tuttavia verso fine Trecento, quando a fianco dei dadi giunsero le carte da gioco, entrate dall'Oriente in Europa attraverso la Spagna o l'Italia. Poi, a partire dal Quattrocento ma con forza ancora maggiore dal Cinquecento, si ebbe l'esplosione delle lotterie (allora si chiamavano "lotti"), sulle quali gli stati pure intervennero ampiamente, destinando la quota di introiti che vollero riservarsi ai fini più diversi: dal restauro delle mura cittadine alla costruzione di un ponte, all'edificazione di un ospizio per infanti, alla organizzazione di una festa o alle necessità belliche e a quant'altro congiunturalmente potesse rivelarsi necessario, nella logica delle necessità di bilancio.

Col Quattrocento e soprattutto il Cinquecento siamo dunque entrati nella fase davvero moderna del gioco d'azzardo che nel frattempo aveva conquistato un suo ruolo pieno (per ambiguo e riprovato che fosse) nelle pratiche sociali e nell'economia. Il cammino non era stato semplice. Quei giuristi e teologi che specialmente dal Duecento avevano affrontato il delicatissimo problema etico dell'azzardo (appunto quale connubio fra gioco e denaro) furono gli stessi che s'impegnarono nel definire pratiche e concetti tuttora fondamentali quali le prassi bancarie e assicurative, le partecipazioni finanziarie per carati, le società in nome collettivo, il trasferimento di capitali, la nozione di giusto prezzo, l'idea del lucro cessante e danno emergente, con la legittimazione regolata del prestito a interesse che non era più soltanto l'eretica usura, via diretta per l'inferno. In queste profonde modifiche l'azzardo entrò a pieno titolo, mantenendo tuttavia quanto di negativo e deprecabile lo accompagnava da secoli e quello che garantiva come

Lotterie, lotto, slot machines. L'azzardo del sorteggio: storia dei giochi di fortuna

15

Eugenio Bosa (Venezia, 1807-1875). Dagli anni trenta si dedicò alla pittura con opere ispirate alla vita popolare. Legate all'aneddoto e senza pretese di messaggi sociali, le sue opere ottennero larga accoglienza presso committenti di diversa origine e levatura, tra i quali il collezionista Giacomo Treves e la duchessa di Berry. L'*Estrazione del gioco del lotto in piazzetta San Marco* fu eseguita nel 1845-1847 per il commerciante trevigiano Sante Giacomelli.

Tra le opere di Bosa figurano pure il *Terno vinto* e il *Terno perduto*, con la rappresentazione di un calzolaio che ha vinto un terno al lotto e di un altro che invece lo ha perso. Anche in Venezia il gioco del lotto venne giustificato nel nome dell'interesse pubblico, e così fu allorché nel 1715 lo si appaltò per sostenere le spese della guerra contro il Turco. Venne ripreso stabilmente nel 1734, in quanto fonte finanziaria sempre più diffusa per i bisogni dei governi. La giustificazione morale dello sfruttamento dell'azzardo da parte degli stati (una sorta di tassa sulla speranza), fu l'impiego di parte degli introiti per interessi della comunità: ospedali, restauri, istituzioni benefiche.

Eugenio Bosa (Venice, 1807-1875).
From the 1830s on, Bosa produced many paintings on subjects from everyday life. Anecdotal in style and without pretensions to social concerns, his works were commissioned by people from various social backgrounds, including the collector Giacomo Treves, and the Duchess of Berry. The Lottery draw in Saint Mark's Square *was painted in 1845-1847 for Sante Giacomelli, a businessman in Treviso. Bosa's works also include the* Terno vinto *and the* Terno perduto, *the first depicting a shoemaker who has won at lotto and the second another who has lost. In Venice too, the presence of the game was justified in the name of public interest and in 1715 management licences were put out to contract to raise funds for the war against the Turks. This became standard practice from 1734, providing a stable source of revenue for successive governments. Moral justification for State exploitation of gambling (a sort of tax on hope), was asserted by the use of part of the profits for community benefit projects such as hospitals, restorations and grants to charitable institutions.*

utile fu definito (al pari del prestito a usura o della prostituzione) un *turpe lucrum*: un guadagno moralmente riprovevole ma basato su un atto comunque volontario, con valore contrattuale. Il dibattito fu delicato e pieno di interferenze e venne in sostanza assestandosi la considerazione di una sua qualità di "obbligazione naturale", non vincolante e oggi riassumibile nella formula "debito di gioco, debito d'onore".

Restava comunque solida l'idea di quanto di drammaticamente pericoloso per i singoli, le famiglie e la società può produrre il gioco di denaro. Il problema etico non era risolto da considerazioni generali o ipotesi di studio o formule giuridiche, ma interferiva sulla vita quotidiana della gente a ogni livello. In effetti ciò che poteva essere legittimo restava comunque turpe ed ecco allora aprirsi i secoli in cui si oscilla continuamente fra alti e bassi, tra concessioni e divieti, facendo peraltro della concessione una possibile fonte di introiti pubblici giustificabili anche per opere positive. Siamo giunti al periodo che è stato il fulcro della mostra organizzata dalla Fondazione Benetton. In un'economia ormai legata al denaro fu costante l'oscillazione fra la condanna più assoluta e lo sfruttamento più spinto, magari nel nome dell'interesse collettivo (così da tacitare gli scrupoli di ordine morale).

Fino a oggi... o quasi

Se nel Duecento è lecito collocare la prima origine dell'azzardo quale oggi ancora lo conosciamo, conviene ripetere come siano poi stati il Quattrocento e soprattutto il Cinquecento (a parte qualche occasionale precedente) a segnare l'ulteriore salto di qualità che può condurci almeno fino al Settecento (e poi fino a oggi o quasi), e come simbolo se ne possono indicare le già ricordate lotterie. Le abbiamo viste impegnate in imprese di pubblico interesse, promosse e gestite dalle autorità in carica, ma la loro esplosione fu in larga misura l'esito di iniziative private spesso gestite da abili imprenditori. Indubbiamente per il loro carattere pubblico erano più controllabili di quanto non fossero i giochi che potevano svolgersi anche in piena clandestinità e vennero presto messe a profitto per gli interessi dei governi. Per intendersi basti ad esempio ricordare come in Venezia (dove si possono seguire le vicende giorno per giorno) il 18 febbraio del 1522 si abbia la prima notizia del nuovo gioco di sorteggio che permette di «guadagnar molto mettendo poco capital a fortuna». Il successo è tale che nel giro di una settimana in città «non si attende ad altro che metter ducati sui lotti», con una frenesia per cui passa un altro paio di giorni e il 25 febbraio il governo interviene in nome dell'ordine e della morale bloccando la pratica ormai fuori controllo, salvo poi il 7 marzo bandire lui stesso una lotteria mettendo in palio addirittura i gioielli avuti in pegno dal duca di Milano, più altri premi per la stratosferica cifra di 50.000 ducati. Era bastato davvero poco per capire i vantaggi offerti dalla novità.

La ricca Venezia fu certamente un caso limite, ma siamo nel quadro di una rapidissima diffusione della nuova pratica ludica ed è chiaro come si fosse messo a punto un ottimo sistema per raccogliere molta moneta con poco sforzo. Tenuto conto di quanto l'erario ricavava dalle puntate nelle estrazioni direttamente gestite e dall'aggio che comunque tratteneva in quelle autorizzate, era partita una straordinaria pratica di *fundraising* utile per i bilanci pubblici. Di fatto ci si misura con l'unica tassa che il contribuente paga volentieri e per sua scelta. Si potrebbe anche dire (e questo vale sempre) che sia la tassa sulla speranza. In ogni caso le estrazioni governative o private (ma sempre con utili per il fisco se non clandestine) si moltiplicarono in giro per l'Europa. Anche a prescindere dal

6

successo delle lotterie, il periodo era comunque segnato da una vigorosa passione per il gioco di fortuna con scommesse di ogni genere. Si puntava su tutto: sull'elezione o la morte dei sovrani o dei pontefici, sul sesso dei nascituri, sul tempo di rientro della flotta in porto, sull'esito di una battaglia o di un conflitto... Tutto era legato a un mondo più o meno limpido di allibratori, sensali e accurate gestioni finanziarie che costituivano una sezione non irrilevante dell'economia corrente. E forse non è un caso che proprio nel Cinquecento (in Fiandra, tra Bruges e Anversa) sia nata la Borsa e che ancora oggi si usi la formula "giocare in Borsa". Comunque il gioco tra finanza pubblica e speculazione di privati era e resta uno dei motori niente affatto marginali dell'economia.

In parallelo con il moltiplicarsi delle scommesse si affermava anche il lotto del Seminario o di Genova, destinato a straordinaria fortuna e ancora oggi praticato, ben distinguendosi rispetto alle tradizionali lotterie. Con lontani precedenti trecenteschi, tra il 1576 e il 1644 il governo genovese precisò i caratteri del gioco con la lista dei novanta candidati tra cui si sorteggiavano i cinque che avrebbero fatto parte della massima carica governativa. Ognuno era contrassegnato da un numero su cui era lecito puntare. La diffusione del nuovo gioco fu europea, con i governi interessati alla gestione e in concorrenza fra loro, con giri di denaro fortissimi e truffe anche clamorose, ma nel contempo con tutti i dubbi

6. EUGENIO BOSA (Venezia, 1807-1875), *Estrazione del gioco del lotto in piazzetta San Marco*, 1845-1847, olio su tela, cm 238 x 336. Treviso, Musei Civici di Santa Caterina.

EUGENIO BOSA (Venice, 1807-1875), Estrazione del gioco del lotto in piazzetta San Marco (Lottery draw in Saint Mark's Square), 1845-1847, oil on canvas, cm 238 x 336. Treviso, Santa Caterina Civic Museum.

7. Il baro, personaggio ricorrente nel gioco delle carte; incisione di Johann Christoph Weigel. Le carte dell'avversario sono scoperte attraverso lo specchio. Immagine tratta da ABRAHAM DE SANCTA CLARA, *Centi-folium stultorum in quarto, oder, Hundert ausbündige Narren in folio* [...], Christoph Lercher, Vienna-Norimberga 1709. Collezione privata.

The cheat, a recurrent character in depictions of card games; engraving by Johann Christoph Weigel. The card sharper can see his opponent's hand in the mirror. From ABRAHAM DE SANCTA CLARA, Centi-folium stultorum in quarto, oder, Hundert ausbündige Narren in folio [...], *Christoph Lercher, Vienna-Nuremberg 1709. Private collection.*

8. *Giocatori al caffè*, incisione di Johann Christoph Weigel; da JOHANN CHRISTOPH WEIGEL, *Abbildung der gemein-nützlichen Haupt-Stände von denen Regenten und ihren so in Frieden- als Kriegs-Zeiten zugeordneten Bedienten an bisz auf alle Künstler und Handwerker,* Norimberga 1698. Collezione privata.

Coffee-house gamblers, *engraving by Johann Christoph Weigel; from JOHANN CHRISTOPH WEIGEL,* Abbildung der gemein-nützlichen Haupt-Stände von denen Regenten und ihren so in Frieden- als Kriegs-Zeiten zugeordneten Bedienten an bisz auf alle Künstler und Handwerker, *Nuremberg 1698. Private collection.*

7

etici e le condanne di ogni genere (morali e di politica finanziaria) che lo accompagnarono. Esemplare fu il caso della Roma pontificia che dopo anni di oscillazioni, divieti e dibattiti teologici, nel 1731, per dichiarate ragioni finanziarie e di "sostegno di opere meritevoli", si rassegnò a renderlo lecito (si veda fig. 18, p. 27).

Intanto la seconda metà del Settecento vedeva il fiorire dei casinò (per il turismo di alto livello), delle sale per l'azzardo (legali, quasi legali, clandestine), dei "ridotti" e dei circoli privati. Anche gli strumenti si perfezionavano e i vecchi tavolieri su cui puntare (come il biribissi) lasciavano spazio alla moderna roulette che più ancora delle carte sempre presenti diventava quasi la metafora del gioco

18

Gherardo Ortalli, *I presupposti di una mostra. Presentazione*

8

di fortuna. Naturalmente rimase aperto il dibattito di carattere morale sull'azzardo e sui pericoli e le illusioni che portava con sé, accompagnando nel corso del tempo il gioco di sorte con divieti, tolleranze, concessioni e condanne, finché col nuovo secolo, l'Ottocento, il clima venne mutando e lo spazio per il gioco di denaro si ridusse fortemente.

Le nuove attitudini culturali del secolo XIX portarono quasi a una reazione rispetto all'indulgenza del passato. A incidere fortemente erano i tradizionali problemi di carattere etico, ma più ancora contava il nuovo contesto sociale e culturale che da un lato vedeva con cresciuta inquietudine la resa alla fortuna piuttosto

Lotterie, lotto, slot machines. L'azzardo del sorteggio: storia dei giochi di fortuna

19

9

9. Immagine della lotteria di Henricus van Soest svoltasi nel 1695 presso la Borsa di Anversa. Acquaforte di Gaspar Bouttats. Collezione privata.
È raffigurato l'interno della Borsa con i premi vinti. In primo piano la Fortuna è seduta sul globo e distribuisce denaro a destra e a sinistra, a persone di ogni fascia sociale. Sotto, la descrizione di un gran numero di premi.

Etching of the Lottery of Henricus van Soest, held in 1695 at the Antwerp Stock Exchange, by Gaspar Bouttats. Private collection.
The picture depicts the interior of the Stock Exchange with the prizes won. Fortune is seated in the foreground on the Globe, showering people of all social ranks, left and right, with coins. The scroll below lists a large number of prizes.

che ai meriti e d'altro lato chiamava in causa la tutela delle fasce più deboli della popolazione in qualche modo illuse da una inutile speranza, con una polemica speciale nei confronti del lotto, di gran lunga il più accessibile e diffuso dei giochi di fortuna, denunciato come «un'epidemia» gravata «dalla più immorale fra le tante imposte di Stato». Si aggiungevano le nuove dottrine sociali per cui, ad esempio, le società di mutuo soccorso che nascevano in ambienti operai spesso vietavano tassativamente l'azzardo, e stati come la Francia e l'Inghilterra abolirono tutte le lotterie pubbliche. Per intendere il clima basti ricordare come Garibaldi quattro giorni dopo il suo ingresso in Napoli, l'11 settembre 1860, da dittatore delle Due Sicilie decretò l'abolizione del lotto, anche se poi il decreto fu rapidamente sospeso dopo l'annessione al regno d'Italia, prima ancora di entrare effettivamente in vigore.

A questo punto, fra scrupoli, riflessioni e nuove norme, ci si avviava al Novecento con tutte le novità portate da un mondo che correva sempre più veloce. Parecchio del vecchio sistema dell'azzardo resisteva, soprattutto quanto alle pulsioni originarie piuttosto che alle pratiche concrete, ma poi si fa quasi impressionante la mole di novità che rapidamente rinnovarono il gioco di sorte. Così a questo punto si passa dalla storia alla cronaca dei tempi più recenti. Non mancarono le grandi novità di enorme successo popolare e non specialmente "pericolose" e in proposito si pensi a cosa rappresentò nell'Italia dell'ultimo dopoguerra il Totocalcio nato per iniziativa

10

11

corrispondeva a un tagliando bianco, e il termine "bianco" corrispondeva all'aver perso.

The Representation of the Drawing of the State-Lottery at Guildhall, print taken from The Universal Museum, *2, 1763. Private collection.*
Two large urns were used for the actual draw, to the right and left of the table where the supervisors of the lottery are seated. The people in the foreground are the players holding the receipt stubs for the numbers they have bet on. Slips of paper were placed in one of the urns, numbered according to the number of tickets bought by players; the same number of slips were placed in the other urn, some bearing the name of one of the prizes, the others left blank. Slips were drawn simultaneously from both the urns. A win occurred when a slip with a number held by a player coincided with a prize-bearing slip; a loss was recorded if a player's number was drawn at the same time as a blank slip.

11. ALEXANDRE LACOUCHIE, *Tirage de la Loterie*, incisione da ABEL HUGO, *France Pittoresque, ou description pittoresque, topographique et statistique des départements et colonies de la France*, Delloye, Parigi 1835, vol. I, p. 94. Sistema attuale di estrazione con un'unica urna o "ruota"; i numeri sullo sfondo richiamano il gioco del lotto. Collezione privata.

ALEXANDRE LACOUCHIE, Tirage de la Loterie *(The lottery draw), print from ABEL HUGO,* France Pittoresque, ou description pittoresque, topographique et statistique des départements et colonies de la France, *Delloye, Paris 1835, vol. I, p. 94. The current system used for lottery draws, using a single urn or 'wheel'. The numbers on the wall call to mind the game of lotto. Private collection.*

10. *The Representation of the Drawing of the State-Lottery at Guildhall*, incisione tratta da «The Universal Museum», 2, 1763. Collezione privata.
Nelle lotterie, per le operazioni di sorteggio si ricorreva a due grandi urne, a destra e sinistra del tavolo dei banditori. In primo piano si vedono i giocatori con le cedole dei numeri da loro giocati.
In un'urna venivano posti tanti biglietti numerati (o scritti) quanti erano quelli giocati; nell'altra urna si ponevano altrettanti tagliandi, tra i quali c'erano quelli contenenti l'indicazione di un premio in palio mentre tutti i restanti erano bianchi. L'estrazione avveniva contemporaneamente da entrambe le urne. Si vinceva se il numero in possesso del giocatore corrispondeva a quello estratto insieme al tagliando con l'indicazione del premio. Nulla si vinceva se il numero giocato

Lotterie, lotto, slot machines. L'azzardo del sorteggio: storia dei giochi di fortuna

21

12. *Loterie des arts et métiers,*
Épinal, Fabrique de Pellerin
[1860], stampa, xilografia.
Ravenna, Collezione Classense.
Gioco a estrazione, rivolto
ai fanciulli, che prevede che
vengano ritagliate le singole
tessere e pescate da una scatola:
sulle tessere sono raffigurati vari
mestieri ai quali sono associate
la vincita o la perdita.

Loterie des arts et métiers
(Arts and crafts lottery), Épinal,
Fabrique de Pellerin [1860], woodcut.
Ravenna, Collezione Classense.
A children's game for which the printed
sheet is cut up into separate images,
which are then drawn from a box one
by one. Each depicts an art or a craft,
which in turn is associated (or not)
with a prize.

12

privata nel 1946, oppure, dal 1957, la Lotteria di Capodanno (poi Lotteria Italia). Siamo giunti così a tempi non lontanissimi, ma di un passato travolto dal veloce aggiornarsi delle pratiche ludiche e, per esempio, scomparivano in fretta quelle lotterie nazionali che negli anni novanta in Italia erano ancora una decina. Da allora è passata sì e no una generazione ma sembra preistoria rispetto al mondo delle onnipresenti slot machines e del gioco informatico, di cui peraltro conviene ricordare (in positivo) pure l'utilizzo per la formazione dei bambini diversamente abili.

Resta in ogni caso il problema oggi drammaticamente presente delle patologie legate ai nuovi strumenti e modi per puntare denaro. La ludopatia è questione di rilevanza sociale, parallela a un mercato sempre più attivo, e se la Liberty Bell (la prima slot meccanica e non la campana che dal 1776 è simbolo della rivoluzione americana!), nata ben oltre un secolo fa, ha impiegato parecchi anni prima di essere messa da parte, oggi l'industria del settore deve aggiornarsi mensilmente con nuo-

22

Gherardo Ortalli, *I presupposti di una mostra. Presentazione*

13. *Petite loterie de l'armée française*, Épinal, Fabrique de Pellerin [1862], stampa, xilografia. Ravenna, Collezione Classense. Altre tessere sulle quali è raffigurata un'azione militare che determina la vincita o la perdita. Gioco rivolto ai fanciulli.

Petite loterie de l'armée française *(Small-scale French army lottery), Épinal, Fabrique de Pellerin [1862], woodcut. Ravenna, Collezione Classense. Another version of this children's game, in which the cards depict military actions, each of which determines a win or a loss.*

ve slot e videopoker e lotterie istantanee e altro ancora da immettere sul mercato, nella prospettiva di strumenti di gioco sempre diversi, nuovi, più adeguati ai tempi.

Si può dire che la partita è sempre aperta: tra giocatori, pulsioni, industrie, autorità, interessi finanziari, preoccupazioni, necessità di garanzie sociali e quant'altro. Ed è una partita che dura da secoli, fattasi sempre più complessa e importante in società nelle quali tanto il tempo libero quanto la dimensione ludica fanno ormai parte dei progetti di vita. Il problema sarà in ogni caso sempre lo stesso, quello di sempre: come garantire il giusto equilibrio tra le incomprimibili pulsioni innate e le necessità di una loro corretta gestione. Ma qui deve intervenire il grande responsabile e mediatore sociale: l'autorità pubblica legittimamente delegata, tenuta a essere all'altezza della funzione. Per farlo (e con ciò si vuole concludere) occorre sapere da dove si viene per meglio capire dove si va. La conoscenza del passato aiuta a meglio gestire il presente e progettare il futuro.

Lotterie, lotto, slot machines. L'azzardo del sorteggio: storia dei giochi di fortuna

23

Alle origini del moderno gioco d'azzardo

L'immagine dei giocatori (ribaldi e barattieri) che Giovanni Grevembroch (1731-1807) riprese nel Settecento dalla quattrocentesca *Cronaca Zancaruola*, collocandoli tra le due grandi colonne della piazzetta di San Marco in Venezia, può essere assunta come segno del primo avvio del gioco d'azzardo con caratteri che durano fino a oggi.

L'immagine ricorda come per quei personaggi, ai limiti della società, fin dal Duecento fosse lecito giocare in quel luogo nonostante l'azzardo fosse assolutamente proibito. Era il compromesso fra l'assoluto divieto e la concessione di una pratica che (benché "colpa" e "vizio") non poteva essere estirpata. Lì e solo lì, di giorno e in piena evidenza, in modo che ci fosse una sorta di controllo sociale, veniva permesso e recluso ciò che altrove era duramente punito. Così le pubbliche autorità tenevano sotto controllo una pratica giudicata dannosa e fuorilegge.

Si trattava del primo compromesso rispetto a una pulsione che spesso coincideva con una vera patologia. Con il tempo, preso atto di come il vizio non si potesse assolutamente debellare, già nello stesso Duecento i pubblici poteri, per le crescenti esigenze finanziarie, cominciarono dovunque a trarre profitto dalla situazione gestendo in proprio, o piuttosto dando in appalto a titolo oneroso, la conduzione del luogo dove ciò che era proibito diventava lecito. La logica dell'economia apriva la strada alla pratica, poi ampiamente replicata fino a oggi, di sfruttare nel nome dell'utile pubblico quello che era considerato un comportamento esecrabile, ma tenendolo sotto controllo e cercando di gestirlo in modo razionale. In sostanza il divieto assoluto cedeva il passo al compromesso, difficile e sempre inseguito dai governi, di un qualche equilibrio fra il comportamento deviato e l'interesse collettivo.

14

14. Giovanni Grevembroch (1731-1807), *Privilegio antico*, disegno a penna e acquerelli colorati. Codice Gradenigo-Dolfin 49, Venezia, Museo Correr, Gabinetto delle Stampe e dei Disegni.

Giovanni Grevembroch (1731-1807), Ancient privilege, water-coloured pen and ink drawing. Codice Gradenigo-Dolfin 49, Venice, Correr Museum, Department of Prints and Drawings.

24

Lotterie, lotto, slot machines. L'azzardo del sorteggio: storia dei giochi di fortuna

15

15. Il grande "falò delle vanità"
organizzato da Giovanni da
Capestrano a Norimberga nel 1452.
Incisione del monogrammista
HS, probabilmente Hans
Schäuffelein, 1520 circa.
Collezione privata.

*The great 'bonfire of the
vanities' organized by Giovanni
da Capestrano in Nuremberg
in 1452. Engraving by an artist
signing himelf 'HS', probably
Hans Schäuffelein, circa 1520.
Private collection.*

I "falò delle vanità" e la stagione del moderno gioco d'azzardo

Nella storia del gioco di fortuna ci sono eventi che segnano l'aprirsi di tempi diversi rispetto al passato e per l'inizio delle vicende moderne e contemporanee un riferimento può essere agli anni venti del Quattrocento, quando con il francescano Bernardino da Siena le piazze delle città videro per la prima volta ardere i "falò delle vanità", nei quali bruciavano tutte quelle frivolezze e cose futili che allontanavano dai buoni comportamenti favorendo i vizi peggiori. Con parrucche, belletti, tinture, maschere, libri ritenuti pericolosi e immagini sconvenienti, tra i primi a finire fra le fiamme c'erano dadi, tavolieri, pedine e mazzi di carte.
La pratica si diffuse rapidamente giungendo a dimensioni straordinarie, come nel 1452 quando Giovanni da Capestrano, a Norimberga, ridusse in cenere fra altre cose ben 3.612 tavolieri e oltre ventimila dadi e carte da gioco.
La pratica rimase viva ancora per tutto il Quattrocento e segnò per certi versi l'inizio di una nuova stagione per la ludicità. Si veniva da quel Duecento in cui l'azzardo si era diffuso in tutta Europa nonostante le preoccupazioni di legislatori e moralisti: pur fra timori e sospetti erano nate allora le "baratterie", dove il gioco di denaro era consentito, controllate dai pubblici poteri che ne ricavavano utili mediante la diretta gestione o soprattutto la concessione dell'azzardo, nella logica delle moderne case da gioco. Ma con il secolo XV – e i "falò delle vanità" ne sono il segno evidente – si fece forte quella polemica in merito all'ammissibilità dell'azzardo, che da allora porta a un più chiaro contrasto tra il permesso e il divieto, con i problemi di ordine etico, economico e sociale che ancora sono all'ordine del giorno. Con queste congiunture si entra nell'età moderna.

Lotterie, lotto, slot machines. L'azzardo del sorteggio: storia dei giochi di fortuna

25

Si scommette su tutto

Nel Cinquecento l'economia ha ormai messo a punto tutti gli strumenti che oggi ne sono ancora alla base, e il rischio ne fa parte. Anche il gioco d'azzardo è espressione del sistema economico con logiche in buona misura rimaste attuali. Si puntava su tutto: l'esito di una battaglia, il tempo di rientro della flotta, la nomina dei magistrati, il prezzo di un prodotto (oggi ancora "si gioca in Borsa"), il vincitore di una gara, la morte del principe... sono pratiche che ancora durano, pur adeguate all'oggi. Classica era la scommessa sull'elezione del nuovo papa, come nel caso del 1555. Il Settecento fu un secolo di grande trionfo dell'azzardo, del lotto, delle lotterie, ma anche quello delle grandi polemiche.

Per esempio, Ludovico Antonio Muratori (*Annali d'Italia*, al 1737) lo giudicava «Pazzia, non già de' Principi, che con questa invenzione mostravano la loro industria nel saper cavare dalle genti senza lancetta il sangue; ma de' popoli, che per l'avidità di conseguire un gran premio, s'impoverivano, dando una volontaria contribuzione a gli accorti Regnanti, con iscorgersi in fine, che di pochi era il vantaggio e la perdita d'infiniti».

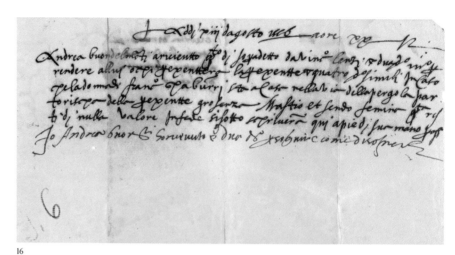

16

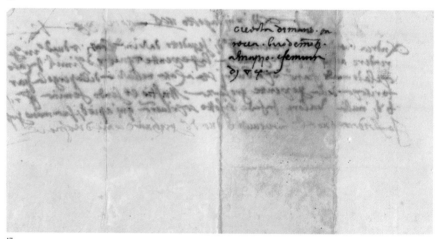

17

16-17. Cedola fiorentina del 1556 (*recto* e *verso*, dettagli) attestante la scommessa sul sesso del nascituro tra l'allibratore Andrea Buondelmonti e lo scommettitore Vincenzo Lenzi. Puntare denaro «a maschio e femmina» fu una pratica ampiamente e a lungo diffusa anche oltralpe.
Si trascrive qui il testo della polizza, cartacea (mm 228 x 168 circa):
«Addì XIII d'agosto 1556 a ore XX. Andrea Buondelmonti à ricevuto questo dì sopradetto da Vincenzo Lenzi scudi due d'oro per rendere a lui o a chi presenterà la presente scudi quattro d'oro simili in caso che la donna de Francesco Chaburri (sta a casa nella via della Pergola) la partorisca della presente grossezza maschio; et essendo femmina questa resti di nullo valore. In fede si sottoscriverà qui a piè di sua mano per osservanza.
Io Andrea Buon[delmon]ti ho ricevuto scudi due d'oro per seguire come di sopra».
Al *verso*: «Cedola di mano Andrea Buondelmonti al maschio e femmina di scudi 4».

Receipt (recto and verso, details) issued in Florence in 1556, for a bet placed by Vincenzo Lenzi and accepted by Andrea Buondelmonti on whether an unborn baby would turn out to be male or female. This kind of gamble was also common in Central and Northern Europe. The paper receipt (228 x 168 mm circa) reads as follows: "On this thirteenth day of August, 1556, at 8pm, Andrea Buondelmonti has received the sum of two gold scudi from Vincenzo Lenzi against the promise that he or whoever hands in this receipt will receive four gold scudi if the current pregnancy of the wife of Francesco Chaburri (who lives in via della Pergola) results in the birth of a boy; if she gives birth to a girl, the bet will be null and void. The authentic signature affixed below attests to compliance with the foregoing. I, Andrea Buon[delmon]ti, receive two gold scudi for the purpose described above." The verso reads: "Receipt issued by Andrea Buondelmonti, male and female, 4 scudi."

26

Lotterie, lotto, slot machines. L'azzardo del sorteggio: storia dei giochi di fortuna

Il gioco del lotto

Il 1731, con la "resa" di Roma al lotto, segna il riconoscimento finale di un gioco ormai diffuso in Europa come strumento principe dell'azzardo di massa. Il suo cammino iniziava nella Genova del 1575 quando si regolò la nomina alle massime funzioni politiche (i Collegi) con il sorteggio, fra i cittadini più ragguardevoli, di cinque nomi due volte all'anno, con forti scommesse clandestine sugli eletti, sistematicamente e inutilmente vietate. Nel 1642-1644, per l'urgenza di "ritrovar denari" s'introdusse un'imposta indiretta sulle scommesse ora gestite dal potere pubblico con il gioco del Seminario (l'urna usata per l'estrazione). Uscito dalla clandestinità e dato in appalto, era nato il lotto nella forma attuale. Non si puntò più sui nomi ma sui numeri. Le scommesse si raccoglievano anche dall'estero per corrispondenza, ma molte erano le pratiche fuori controllo. Il successo del gioco per i suoi enormi introiti si diffuse in altri centri, con il trionfo dell'economia sugli scrupoli etici: Napoli, Milano, Firenze, Venezia, e poi con ricevitorie clandestine diffusissime. Per Roma, cuore della cristianità, il problema era speciale e nel 1728 papa Benedetto XVI minacciò la scomunica, ma nel 1731 ci si adattò alla realtà nel nome dei possibili buoni utilizzi dei forti capitali ricavabili. Era lo "sdoganamento" etico del gioco. Il bando con la decisione papale è particolarmente importante perché una volta per tutte (dopo decenni di condanne, tentennamenti e dibattiti di ordine morale) autorizzava il gioco del lotto nello stato della Chiesa. Alla base ci furono ragioni di vario genere: finanziarie, dal momento che le scommesse su lotti forestieri causavano forti uscite clandestine di capitali; legali e di buon governo, perché puntare all'estero era un reato e dunque la concessione combatteva le molte illegalità; morali, poiché gli utili del gioco venivano destinati ad opere buone, per esempio a favore di orfani o giovani donne bisognose che potevano ricevere una dote, o anche per imprese pubbliche, come le bonifiche delle paludi pontine o il completamento del Palazzo della Consulta, oggi sede della Corte Costituzionale.

ORDINE SPECIALE
Di Noſtro Signore Papa CLEMENTE XII.
per il nuovo Giuoco di Lotto da riſtabilirſi in Roma.

Proſpero per la Miſericordia di Dio della Santa Romana Chieſa Card. Mareſchi della Santità di Noſtro Signore Papa CLEMENTE XII. Vicario Generale &c.

P. Card. Vicario.

N. A. Canonico Cuggiò Segr.

In Roma, Nella Stamperia della Rev. Cam. Apoſt. 1731.

18

---

18. Ordine speciale di papa Clemente XII per il nuovo gioco del lotto da ristabilirsi in Roma, 12 dicembre 1731. Collezione privata.

Special order issued by Pope Clement XII on 12th December 1731, allowing the game of lotto to be reintroduced in Rome. Private collection.

Lotterie, lotto, slot machines. L'azzardo del sorteggio: storia dei giochi di fortuna

27

19. *Giuoco del Biribisso*, tavoliere su tavolino in legno con quattro piedini e cassetto, prodotto dalla Tipografia Litografia e Cartoleria di Giuseppe Meucci, Livorno-Pisa, fine XIX-inizio XX secolo. Collezione Silvio Berardi, Bologna. Il tavoliere è corredato dal suo sacchetto in tela con quarantadue "olive" di legno vuote così da poter contenere i foglietti con i numeri e da un "estrattore" per farli uscire.

Game of Biribissi, played on a wooden board with four feet and a drawer, manufactured by the Tipografia Litografia e Cartoleria di Giuseppe Meucci, Livorno-Pisa, late 19th-early 20th century. Silvio Berardi Collection, Bologna. The board came with a canvas bag containing forty-two hollow 'olives' in wood, each ready to be filled with a betting slip with its number, and an 'extractor' to prise it out.

19

Regole del biribissi

Il biribissi era un gioco d'azzardo molto diffuso e forse il più popolare in Europa a partire dal secolo XVII. Queste le regole riportate nel *Vocabolario degli accademici della Crusca* (*Lemmario*), quinta edizione del 1866, vol. II, p. 190: «Sorta di giuoco d'azzardo, dove uno tiene il banco e gli altri scommettono. Si fa sopra un tavoliere in cui sono dipinte a colonne 36 figure di vari animali, fiori etc. ciascuna col suo numero, e con una borsa dove son chiuse in pallottole (o ghiande) altrettante polizze coi numeri e indicazioni corrispondenti. Se ne estrae una per giuocata. Chi ha scommesso il denaro sopra il numero o figura che esce, vince. Chi tiene il banco guadagna il resto». La vincita è regolata in un modo per cui se i numeri sono 36 (come di solito in Italia) il banco paga 32 monete e tiene per sé le altre giocate. Come nell'odierna roulette era possibile puntare su un solo numero, ma anche una coppia o quattro vicini, ed è la prima volta che compare la possibilità di vincite multiple.

28

Lotterie, lotto, slot machines. L'azzardo del sorteggio: storia dei giochi di fortuna

IL VERO GIUOCO DELLA BARCA.

DICHIARAZIONE SOPRA IL GIUOCO DELLA BARCA.

Al giuoco della Barca si pigliano due Dadi, poi si fa chi prima debba tirare, e di poi s' incomincia:

I. Chi fa 3. 4. 5. 6. 8. 9. 10. 11. mette sopra i detti numeri una moneta, e se suddetti numeri vi è quelche [sic] moneta si leva.

II. Chi fa 7. mette sempre una moneta nella Barca.

III. Chi fa 2. leva tutte le monete che si trovano sopra i numeri all' intorno.

IV. Chi fa 12. leva tutte le monete che si trovano sopra i numeri, ed anche quelle che si trovano nella Barca.

Treviglio ed in Milano dai Negoz Messaggi Contrada S. Margarita N. 1108.

20

ALBERTO FIORIN
Glossario dei giochi più trattati

Aliosso
Sinonimo di astragalo (dal latino *aleae ossum*, "osso di scommessa").

Astragalo
Piccolo osso del piede, del tarso, di forma cubica; quelli delle capre e dei montoni erano usati dagli antichi come dadi a quattro facce.

Barca, Gioco della
Gioco con tavoliere e con due dadi: i giocatori versano in un piatto un numero prestabilito di gettoni e tirano i dadi a turno.
Chi fa un tiro a somma 7 (6/1, 5/2, 4/3) prende tutti i gettoni sul piatto mentre a ogni altra combinazione si paga (si mette nel piatto) un nuovo gettone.

Baro
Chi truffa al gioco, soprattutto nei giochi di carte. Specialmente nel

---

20. *Il vero giuoco della barca,* tavoliere, xilografia, Messaggi, Treviglio e Milano, secondo quarto del secolo XIX.
Collezione Alberto Milano, Milano.
Le regole del gioco sono scritte in basso, sotto il cerchio (tavoliere) con la raffigurazione della barca e il numero 7 al centro. L'immagine è tipica della versione più comune. In basso è l'indirizzo milanese di Messaggi: «Contrada S. Margarita N. 1108».
«Dichiarazione sopra il giuoco della barca.
Al giuoco della Barca si pigliano due Dadi, poi si fa chi prima debba tirare, e di poi s'incomincia:
I. Chi fa 3. 4. 5. 6. 8. 9. 10. 11. mette sopra i detti numeri una moneta, e se suddetti numeri vi è quelche [sic] moneta si leva.
II. Chi fa 7. mette sempre una moneta nella Barca.
III. Chi fa 2. leva tutte le monete che si trovano sopra i numeri all'intorno.
IV. Chi fa 12. leva tutte le monete che si trovano sopra i numeri, ed anche quelle che si trovano nella Barca».

*Il vero giuoco della barca (The real ship game), board game, woodcut, Messaggi, Treviglio and Milano, second quarter of the 19th century. Alberto Milano Collection, Milan. The rules of the game appear below the board with the numbered circle containing the image of a ship and the number 7, all typical of the most common version of the game. At the bottom, the Milan address of Messaggi: "Contrada S. Margarita N. 1108."
"Rules of the giuoco della barca. Each player throws two dice to determine who plays first, and then the game starts:
I. Any player who throws 3. 4. 5. 6. 8. 9. 10. 11. places a coin on the space with that number; any coin already on the space is removed.
II. Any player who throws 7. must place a coin in the ship.
III. Any player who throws 2. takes all the coins on the numbers around the circle.
IV. Any player who throws 12. takes all the coins in the ship as well as those around the circle."*

Lotterie, lotto, slot machines. L'azzardo del sorteggio: storia dei giochi di fortuna

29

21

21. Per il *Giuoco del Biribisso*:
sacchetto in tela con le "olive"
di legno e un "estrattore".
Collezione Silvio Berardi,
Bologna.

For the Game of Biribissi:
*canvas bag containing hollow
'olives' in wood and an 'extractor'.
Silvio Berardi Collection, Bologna.*

22-23. Gioco del bog. Variante
francese (fig. 22), stampa
cromolitografica su cartone, con
scatola e regole, secolo XIX-XX;
variante tedesca (fig. 23), tondo
in legno dipinto, secolo XIX.
Collezione Silvio Berardi, Bologna.

*Game of bog. French variant
(fig. 22), chromolithographic print
on cardboard, 19th-20th century;
German variant (fig. 23), round,
painted wood board, 19th century.
Silvio Berardi Collection, Bologna.*

22

Settecento il baro era identificato
con il termine "greco".

Bassetta
Gioco di carte per tre persone
e un banchiere con mazzo di
cinquantadue carte, molto praticato fin
dal secolo XVII; i giocatori avevano puntato
a caso su due delle proprie carte coperte,
il banchiere scopriva una coppia delle
sue carte, una vincente per lui e una per
gli avversari, quindi pagava la posta per
quella degli avversari e ritirava le poste
messe sulla carta risultata vincente
per lui. Il gioco, abbastanza semplice
e come tale rovinoso, raggiunse una
notevole diffusione, poi col tempo fu
soppiantato dal faraone, abbastanza
simile per struttura.

Biribissi
Gioco di estrazione di origine
seicentesca. Il tavoliere reca un certo
numero di figure (normalmente trentasei)
e i giocatori collocavano una posta su
una figura. Il banchiere estraeva da
un sacchetto una pallina (detta oliva)
contenente un biglietto con le varie
figure, fatto uscire con un punteruolo
speciale. Il giocatore che aveva puntato
sulla figura estratta riceveva un
premio pari a una posta moltiplicata
x volte a seconda delle combinazioni.
Si può considerare antenato della
roulette (come struttura di tavoliere);
fu introdotto anche in Francia ai primi
del Settecento con il nome di *biribi*.

Bog
Gioco simile al Nano giallo (si veda).

Boule
Gioco analogo alla roulette, ancora
praticato in alcuni casinò europei.
La ruota ha solo diciotto caselle,
nove numeri ripetuti in rosso e in

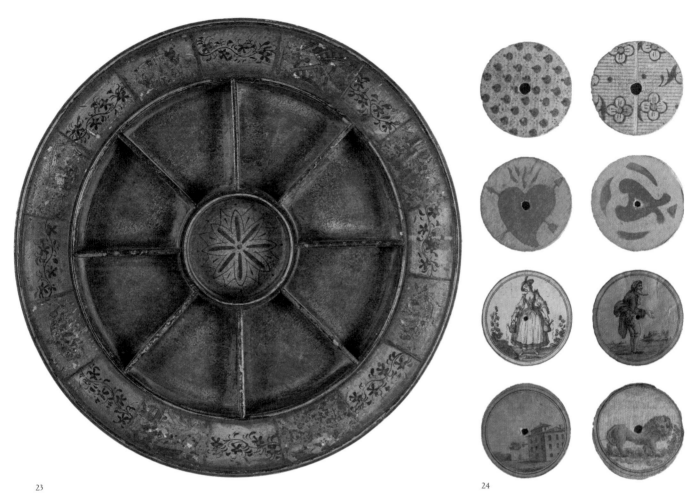

23

24

24. *Fiches* in cartone. Italia,
secolo XIX. Cartone stampato
e carta decorata.
Collezione Alberto Milano, Milano.

*Cardboard fiches, Italy, 19th century.
Printed card and decorated paper.
Alberto Milano Collection, Milan.*

nero, il 5 equivale allo 0 della roulette.
La *boule* è molto più rischiosa per i
giocatori rispetto ad altri giochi d'azzardo
e alla stessa roulette.

Cavagnola
Gioco simile al biribissi (si veda).

Dado
Piccolo cubo che reca sulle sei facce
dei numeri: su una faccia c'è l'1 e
su quella opposta il 6, su un'altra il 2 e su
quella opposta il 5, su un'altra ancora il 3
e su quella opposta il 4. Il totale dei punti
di due facce opposte dà sempre 7.
Presente in area mediterranea fin dal
2000 a.C., è testimoniato anche in
culture precolombiane dell'America,
in Africa e nelle isole del Pacifico.

Faraone
Gioco di carte con tavoliere per
un numero di persone da quattro
a dieci contro un banchiere.
Serve un mazzo di cinquantadue
carte e un tavoliere con tredici carte.
I giocatori collocano una posta
su una carta del tavoliere a scelta,
poi il banchiere scopre due carte
dal mazzo: una è vincente per lui e
perdente per gli avversari, l'altra è
vincente per gli avversari.
Il banchiere tira dal tavoliere le poste
collocate su carta di valore uguale
a quello della perdente e paga alla
pari chi ha scommesso sull'altra.
Simile alla bassetta, la differenza
principale consiste nel fatto che qui
è il giocatore a decidere la posta
da giocare e non il banchiere.
È considerato il gioco d'azzardo
principe del secolo XVIII,
citato da Casanova, vero e proprio
costume sociale. Nel secolo XIX
è apparso nell'America del Far
West col nome di faro.

Lotterie, lotto, slot machines. L'azzardo del sorteggio: storia dei giochi di fortuna

31

25. Gioco reale, *Le specie sono sei e ciascuna comprende dieci numeri*, Genova, ultimo quarto del secolo XVIII, tela dipinta a olio. Collezione Alberto Milano, Milano.
La tela è arrotolabile su due bacchette cucite ai bordi laterali: trattandosi di gioco d'azzardo vietato, la struttura dell'oggetto era tale che, nel caso di rischio di essere scoperti da agenti dell'ordine, esso avrebbe potuto essere rapidamente riavvolto e portato via o nascosto.

Gioco reale, Le specie sono sei e ciascuna comprende dieci numeri *(Six sets of ten numbers), Genoa, last quarter of the 18th century, oil paint on canvas. Alberto Milano Collection, Milan. The canvas can rolled up around the spindles stitched into the sides: the game was banned so if the players were in danger of being discovered by law enforcement officers, it could quickly be rolled up and taken away or hidden.*

26. *Nieuw Loterij Gezelschapspel van vijf klassen* (Nuovo gioco di lotteria da salotto in cinque classi), stamperia di T.J. Wijnhoven Hendriksen, Rotterdam, secolo XIX. Collezione Manfred Zollinger, Vienna.
Scatola in cartoncino rivestito in carta stampata, contenente sessanta piccole carte numerate e variamente illustrate con incisioni e sessanta, più piccole, di testo, con allegato foglio di spiegazione.

Nieuw Loterij Gezelschapspel van vijf klassen *(New game of drawing-room lottery in five sets), printed by T.J. Wijnhoven Hendriksen, Rotterdam, 19th century. Manfred Zollinger Collection, Vienna. Cardboard box covered with printed paper, containing sixty small numbered cards, each illustrated with an engraving, sixty more still smaller cards containing printed texts, and an explanatory leaflet.*

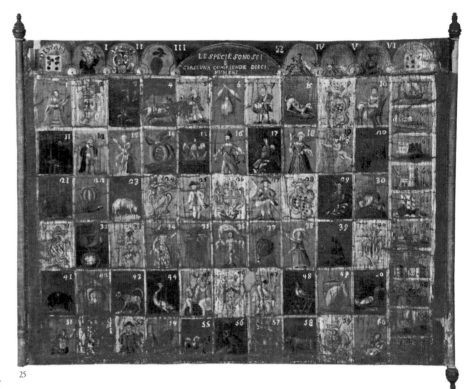

25

Fiche
Si veda gettone.

Gettone
Disco di metallo o altro materiale (avorio, osso, carta, plastica), sostituisce in numerosi giochi il denaro contante (sinonimo di *fiche*). Ogni gettone ha un valore convenzionale: a seconda del valore cambiano colore, dimensione e forma. Serve anche per macchine automatiche come slot machines e videogiochi.

Gioco reale
Gioco simile al biribissi (si veda).

Gratta e vinci
Forma di lotteria istantanea con premi a quota fissa, diffusa in Italia dal 1997. Su ogni biglietto è stampata – e celata da una vernice – una combinazione vincente o non vincente di numeri o scritte. Grattando la vernice il giocatore controlla se ha vinto o no, e quanto ha eventualmente vinto. Per importi modesti il pagamento della vincita è immediato.

Lotteria
Gioco di estrazione che si può fare a livelli più o meno complessi.

Nelle lotterie alle quali partecipano poche centinaia di persone si usano biglietti doppi, di cui una metà ("figlia") viene venduta, l'altra ("madre") viene messa in un'urna. Al primo numero estratto corrisponde il primo premio e così via. Nelle grandi lotterie nazionali invece si vendono milioni di biglietti contraddistinti non solo da numeri ma anche da sigle alfabetiche ("serie"). Giochi analoghi alle lotterie erano in voga già nell'antica Roma; scomparsi con la caduta dell'impero, ricomparvero nel secolo XV organizzate anche dagli stati per reperire denaro in momenti di difficoltà economica.

Lotto
Gioco di scommessa sull'estrazione (o "uscita") di un certo numero o più numeri, fino a cinque (estratto, ambo, terno, quaterna, cinquina), su una data ruota o su tutte le ruote. Le ruote sono undici e corrispondono a dieci capoluoghi di provincia italiani (Bari, Cagliari, Firenze, Genova, Milano, Napoli, Palermo, Roma, Torino, Venezia) cui è stata recentemente aggiunta la Ruota Nazionale, con novanta numeri: da ogni urna vengono estratti tre volte alla

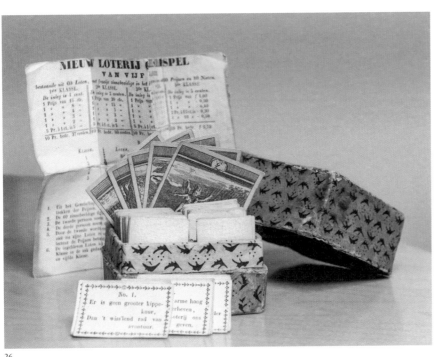

26

27

settimana cinque numeri. Il giocatore
che indovina vince una certa cifra a
seconda della somma puntata e della
modalità della scommessa.
Le prime notizie su un gioco analogo
al lotto si hanno già nella prima
metà del Cinquecento, verso il 1530
(secondo altri, a Genova già nel secolo XV).
L'attuale formula del gioco del lotto
effettivamente deriva da una pratica
in uso a Genova nel secolo XVI, che
permetteva di scommettere sui nomi di
cittadini candidati a cariche pubbliche.
Il gioco prendeva spunto da un sistema
elettorale che prevedeva l'estrazione
casuale di cinque nomi di candidati
cittadini particolarmente meritevoli,
su un numero variabile di "papabili"
(fino a centoventi), che sarebbero
divenuti membri dei massimi organi di
governo della Repubblica. Dall'urna in
cui erano raccolti i nomi, questa pratica
prese il nome di Giuoco del Seminario.
Da Genova si è poi diffuso in tutta
Europa, anche se il meccanismo ha
subìto variazioni notevoli attraverso
i tempi e i paesi.

Lotto reale
Gioco simile al biribissi (si veda).

Nano giallo
Gioco di carte da tavoliere per un
numero di persone da tre a otto, ciascuno
per sé, con mazzo di cinquantadue
carte. Sul tavoliere illustrato, a
scomparti, sono raffigurate cinque
carte che hanno valore speciale
e sulle quali ogni giocatore deve
versare un predeterminato numero
di gettoni prima di cominciare.
Scopo del gioco è mettere sul tavolo
in sequenza le carte liberandosene
prima degli altri: chi mette sul tavolo
una delle carte speciali vince i gettoni
sulla casella corrispondente e chi chiude
per primo riceve dagli altri un numero
di gettoni pari al numero delle carte che
ciascuno ha ancora in mano.

Piria
Vocabolo veneziano con cui s'intende
"scommessa".

Ridotto
Il ridotto è stata la prima pubblica
casa da gioco del mondo gestita dallo
stato e aperta nel 1638 a Venezia. Solo i
patrizi potevano tenere i banchi da
gioco e dovevano farlo indossando
parrucca e toga – l'abito dei nobili –

27. Tamburo in legno usato come
urna per l'estrazione a sorte
dei coscritti al servizio militare
nella Francia del 1822. Bruxelles,
Archives de la Loterie Nationale.
I nomi dei possibili coscritti
per la chiamata alle armi della
specifica zona di reclutamento
erano scritti su cedole inserite in
birilli cavi posti poi all'interno del
tamburo che veniva fatto girare.
Il "birillo" che usciva dall'apertura
anteriore indicava chi veniva
arruolato in quella circoscrizione.

*Wooden drum used for the drawing
of lots for conscripts obliged to do
military service in France in 1822.
Brussels, Archives de la Loterie
Nationale.
The names of potential conscripts
were written on slips of paper that
were then inserted into hollow wooden
pins, which in turn were turned inside
the drum. The pin falling through the
aperture at the front determined who
would be enlisted from the district.*

Lotterie, lotto, slot machines. L'azzardo del sorteggio: storia dei giochi di fortuna

33

28. Tavoliere del lotto reale, Italia settentrionale (probabilmente Bologna), 1830 circa. Due tavole in legno unite da cerniere, laccate, con applicazione di incisioni in rame, colorate. Collezione Alberto Milano, Milano. Il tavoliere (antenato della roulette) è suddiviso in trentasei caselle numerate in rosso o in nero, all'interno delle quali sono incollate incisioni raffiguranti le seguenti categorie: donne, uomini, fiori, amorini, frutti, alberi, quadrupedi, uccelli, case. Ai quattro angoli sono le caselle del rosso e del nero e poi in cornice le altre combinazioni su cui si poteva puntare: dentro, fuori, pari, dispari, passa, manca, e via dicendo. La struttura in due parti poteva essere rapidamente chiusa nascondendone il carattere di gioco proibito.

Board for Lotto reale *(Royal lotto), Northern Italy (probably Bologna), circa 1830. Two boards joined with hinges, lacquered and with coloured copperplate prints applied. Alberto Milano Collection, Milan. The board (an ancestor of roulette) is subdivided into thirty-six squares numbered in red or black and stuck with prints depicting the following categories: women, men, flowers, cupids, fruit, trees, quadrupeds, birds and houses. At the four corners there are squares in red or black and around the edge, the other combinations on which stakes could be placed: inside, outside, odd, even, pass, fail and so on. Its two-part structure enabled the board to be closed quickly and the incriminating evidence of a banned game hidden.*

28

e a volto scoperto, mentre la maschera era d'obbligo per i giocatori. Il ridotto – immortalato da Francesco Guardi, Pietro Longhi, Gabriel Bella e molti altri pittori veneziani – è stato definitivamente chiuso dalla Repubblica di Venezia nel 1774.

Roulette

Gioco di tavoliere con disco rotante suddiviso in trentasette caselle numerate da 0 a 36, colorate in alternanza di rosso e nero, mentre lo 0 è verde; nella roulette americana i numeri sono trentotto e gli zeri due. Effettuate le puntate sul grande tavoliere, il croupier imprime movimento antiorario alla roulette, rilascia la pallina e alla fine si pagano le puntate. Il banco ha una percentuale di vantaggio sul giocatore del 2,7 per cento con la roulette francese e del 5,3 per cento con quella americana.

Scommessa

Atto dello scommettere, cioè di fare un patto a proposito di una previsione: chi perde la scommessa paga una somma di denaro o un'altra posta.

Slot machine

Apparecchio a moneta o a gettoni che, al verificarsi di determinate combinazioni su tamburi rotanti, può dar luogo a vincite di un certo numero di monete, che vengono espulse dall'apparecchio stesso in una bacinella. La slot machine è stata inventata negli Stati Uniti, a San Francisco, nel 1895 e il nome le viene dalla fessura (*slot*) in cui si introduce la moneta.

Tombola

Gioco basato sull'estrazione a sorte dei numeri compresi fra l'1 e il 90: i partecipanti al gioco comprano cartelle con quindici numeri disposti a

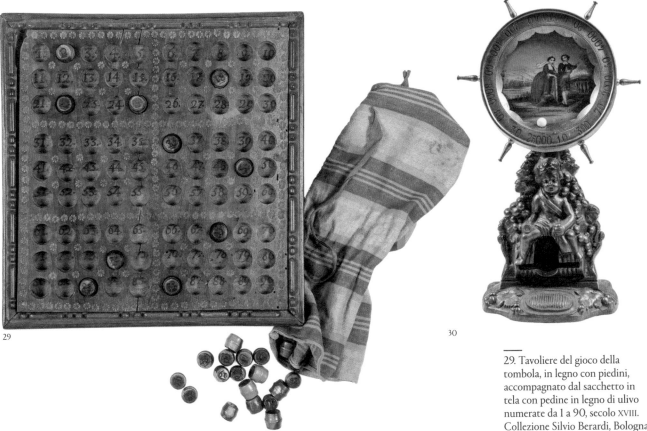

29

30

caso su tre righe, sulle quali segnano i
numeri corrispondenti a quelli estratti.
Vincono premi i possessori di cartelle che
per prime contengono due, tre, quattro
o cinque numeri estratti nella stessa fila
(ambo, terno, quaterna, cinquina) e infine
tutti i numeri della cartella (tombola);
i premi sono costituiti col denaro versato
dai partecipanti per acquistare le cartelle.
Le tombole pubbliche, con molte
centinaia o migliaia di cartelle, rendono
evidente la somiglianza della tombola
con il lotto. Variante americana della
tombola è il bingo.

29. Tavoliere del gioco della
tombola, in legno con piedini,
accompagnato dal sacchetto in
tela con pedine in legno di ulivo
numerate da 1 a 90, secolo XVIII.
Collezione Silvio Berardi, Bologna.

Wooden board for the game of
Tombola, *resting on four feet,*
accompanied by a canvas bag
containing olive wood counters,
numbered 1-90, 18th century.
Silvio Berardi Collection, Bologna.

30. Roulette da tavolo, con
accendino e portafiammiferi,
in ghisa e ottone, con immagine
smaltata, secolo XIX. L'oggetto era
conservato in un bar parigino.
Collezione Silvio Berardi, Bologna.

Table roulette, incorporating a
cigarette lighter and a match-holder,
in cast iron and brass, with a
picture in enamel, 19th century.
The piece came from a bar in Paris.
Silvio Berardi Collection, Bologna.

Lotterie, lotto, slot machines. L'azzardo del sorteggio: storia dei giochi di fortuna

35

GHERARDO ORTALLI
**The premises underlying
the exhibition. Introduction**

The exhibition organized in 2017 by the
Fondazione Benetton Studi Ricerche to
mark its thirtieth anniversary warrants
a few introductory notes, above all to
clarify why it should have been chosen
for that purpose, the assumptions it
rests on and the reasons for its subject
matter, and to show how the answers
dovetail into the cultural strategy
pursued by the Foundation. In fact the
chronological framework, the conceptual
approach and the selection of exhibits
all reflect a long-established research
programme, one of whose achievements
has been to confer acceptability on
a concept that might formerly have
aroused surprise: the notion that
game-playing is a serious activity which
deserves to be 'taken seriously' in that in
its various expressions it constitutes a
vitally important aspect of societal life.
So this exhibition, which was devoted not
so much to games of chance as to their
history, focused on a number of critical
moments in the development of ludicity
throughout the Modern Age, passages
that also hold special significance for
our own day, in which games of chance
are a marked and in many ways worrying
presence in everyday life.

The ancient roots of games of chance
Game-playing, luck, betting, pastimes,
money, fortune, chance: these and other
concepts find expression in social life in
many ways, at different times and with
variable nuances. Their history goes back
much further than the modern times that
most interest us here, and they have been
viewed from various perspectives over
the centuries. Though game-playing is an
innate impulse in the young from their
earliest years (and not only those of the
human species) and has a fundamental
function in their development, the
other entities mentioned in the list
above require a more or less organized
social structure for them to be defined
and their roles understood. Many forms
of often unexpected evidence help us

in this, including those produced by
archaeology and some of the earliest
examples of writing. Luck plays a part
in many episodes in the Old Testament,
just one being the Lord's instruction
to Joshua to divide the Promised Land
amongst the tribes of Israel by lot.
And in the New Testament, when the
Apostles had to choose a replacement
for Judas Iscariot, they first prayed to
God and then they "cast lots, and the
lot fell to Matthias; so he was numbered
with the eleven apostles". When it comes
to fortune and pastimes, dice were said
to have been invented by Palamedes, a
figure of Greek mythology at the time
of the Trojan War, but their ancestor
knucklebones (from the tarsus in the
hindquarters of a sheep) were providing
the distraction of a sort of four-sided dice
long before then. And still further back
in time there was the Egyptian Senet, a
boardgame known to have been played
in the 4th millennium BC. There are
indeed countless examples: pastimes
can be found everywhere and under all
circumstances, whether it was a question
of whiling away the monotony during the
siege of Troy or of showing off one's skill
in the days of the Pharoahs or simply of
occupying an idle moment.
But it's not worth examining each of
those listed entities in turn; of much
more interest is to concentrate on the
concept that links them all: chance.
There is indeed no point in stressing the
ancient origins of money and of preceding
instruments of exchange, nor of wagering
and trusting to fortune; what is of
interest is the combination of these two
elements. Chance is what blends luck and
money, with particular reference to the
Modern Age, when the fusion becomes
conceptually clear and commonly
practised. In actual fact we cannot ignore
the undeniable precedents. The current
debate on the legal admissibility of
gambling and its attendant risks cannot,
for instance, disregard the concepts
formulated by Roman law, which forbade
the staking of money on a bet, though at
the same time it is true, just to cite the
better-known cases, that the Emperor
Augustus might lose 20,000 sesterces
in a single day and the Emperor Nero

habitually wagered enormous sums of
money, while the Emperor Claudius
even wrote a treatise on dice and had
the suspension of his carriage adjusted so
that it didn't lurch and disturb the game.
All of which goes to show that despite
extremely severe regulations proscribing
gambling there is always someone who
manages to carry on doing what is
prohibited for everyone else.

Between the Middle Ages and the Modern Age
Times change however, and with
the decline of the ancient world and
classical culture, with the collapse of
the Roman Empire, with the barbarian
invasions and the atrophy of the Early
Middle Ages, chance (not games of
chance) fell out of favour. In particular,
currencies became increasingly rare
in the distinct drift towards a barter
economy. So this depletion of circulating
money meant that its pairing with luck
petered out, and chance returned as a
significant phenomenon only with the
great revival that historians tell us slowly
brought about more positive equilibria.
These new circumstances now bonded
with the old to allow innate ludic
impulses and a taste for gambling to
re-emerge in a system that saw sufficient
quantities of money once again in
circulation. Meanwhile, the changed
world was laying down the fundamental
parameters of the modern economy and
provided a setting for the rediscovery of
games of chance with their distinctive
features and attendant risks. It was a
time too of new challenges for such
activities, with jurists and lawmakers
eager to confront the disasters that
gambling can precipitate with regulations
and punitive proscriptions. At the same
time, however, ludic practices were
becoming increasingly popular and
distinctive. Then, especially from the
13th century onwards, European states
began to discover that the activities
they were trying to control with bans
that were often difficult to enforce
could also yield considerable financial
advantages. As lifestyles, social structures
and political management became more
highly organized and therefore more
costly, prohibitory measures began to

36

Lotteries, lotto, slot machines. The luck of the draw: a history of games of chance

be lifted within precise limits and under carefully determined conditions, with financial returns that soon became an indispensable offset in situations of increasing economic complexity.

In short, the 1200s mark the point when authorities around Europe began slowly to take over, or more often to lease, the management of gambling activities, thus converting them into a source of revenue and giving rise to what we might call the 'bookmaker state' with direct or indirect control over gaming.

In effect, it was in the interests of the communities themselves that specific places were designated to which gambling was confined but permitted, whereas ordinarily it continued to be banned everywhere else. In the 1200s, the practice of leasing the management of gaming houses, where money wagered generated a return for the public purse, in effect signified acceptance of the logic that has prevailed ever since, through lotteries and lottos, *ridotti* and modern casinos to our present-day online gambling, instant lotteries, scratch-cards and slot machines. But meanwhile, the first systematic experiments in the 13th century led to new developments for games of chance. Chess had already been being played since the 10th century in Europe (not, as is often asserted, exclusively by the aristocracy, though it was very popular amongst the titled classes) but it played an entirely marginal role compared with the age-old game of dice, an archetypal gambling activity. The real innovation came in the late 1300s, however, when dice were joined by playing cards, which made their entry into Europe from the Orient via Spain or Italy. Then, starting with the 1400s but to still greater effect from the following century, there was the explosion of lotteries, then known as *lotti*. Here too, State authorities muscled in and destined the share of the accrued income they appropriated for themselves to an extraordinarily wide range of purposes: from the restoration of city walls to the construction of a bridge, from the building of a foundlings' hospital to the organization of civic festivities or procurement of equipment in time of

war; in short, to any necessities that the current budget couldn't stretch to.

So by the 15th century, and even more so in the 16th, games of chance had entered their truly modern phase, in the meantime having conquered a dynamic role (however ambiguous and deplored) in social practices and in the economy. The process was by no means simple. Jurists and theologians, who had been grappling since the 1200s with the highly delicate ethical problems surrounding chance and its role as a link between game-playing and money, now applied their skills also to defining still fundamental practices and concepts such as banking and insurance procedures, shareholding in financial ventures, general partnerships, the transfer of capital, the notion of fair price, the idea of loss of profit and accruing damage, and the regulated legitimation of interest-yielding money-lending, previously regarded as the sin of usury and as such as the road straight to hell. Games of chance played a full part in these profound changes, though without shedding the negative and disreputable associations that had accompanied them for centuries. So whatever income they generated was regarded (like interest from money-lending and earnings from prostitution) as *turpe lucrum* or filthy gain: a morally reprehensible income that nevertheless arose from a voluntary and contractually binding act. The debate was an intricate one, beset by interferences, and in effect the outcome of games of chance came to be considered as a 'natural obligation', a non-enforceable responsibility that might now be expressed as 'a gambling debt is a debt of honour'.

However, none of this involved any shift in the rooted conviction that gambling represented a potentially dramatic threat to individuals, families and society. The ethical problem was not resolved by general considerations or scholarly hypotheses or juridical formulae but disrupted people's everyday lives at all levels of society. In effect, we are dealing with something that was often legal but at the same time discreditable, a situation that heralds centuries of

continual oscillations between highs and lows, permitting and banning, in which the issuing of a licence could generate revenues that might then be used for wholly worthy public works. Which brings us to the period which was the focus of the exhibition organized by the Fondazione Benetton, a period in which a money-based economy has seen a constant fluctuation between outright condemnation and thoroughgoing exploitation, this latter often dressed up as public interest so as to neutralize any lurking moral qualms.

Up to today... or almost

If we can reasonably date the beginnings of gambling as now we know it to the 13th century, it is worth repeating that it was the 15th century, and even more so the 16th (apart from the occasional prior case) that saw the further developments that take us at least to the 1700s (and still further, almost to the present day); and as a symbol of how things changed we can take the already-mentioned lotteries.

We have seen them used to finance actions of general and specific public benefit, initiated and managed by established authorities, but the rapid increase in the phenomenon was in large part the result of private initiatives that were often organized by highly skilled entrepreneurs. Undoubtedly their public character made them easier to control than games which could also be played in clandestine circumstances and they were soon harnessed to the interests of governments. A telling example is an episode that took place in Venice (where the event can be followed day by day), starting on 18th February 1552 with the news of a new game, based on the drawing of lots, that offered the chance to "make a great deal of money by placing no more than a small amount of capital at risk" (see fig. 6, p. 17). The announcement made such a splash that within a week "people bothered about nothing other than staking ducats on the draw". Indeed, the city worked itself up into such a frenzy that the government stepped in on 25th February and put a stop to the now out-of-control

Lotteries, lotto, slot machines. The luck of the draw: a history of games of chance

37

activity in the name of public order and morality. Then, on 7th March, the government itself announced a lottery, with prizes including nothing less than the jewellery pawned by the Duke of Milan, as well as others to the staggering value of 50,000 ducats. It really didn't take long for the Venetian authorities to grasp the advantages offered by the new game.

Wealthy Venice was certainly an exceptional case, but it was nevertheless part of an extremely rapid expansion of the new ludic practice and it is clear how it developed into an excellent system for collecting a lot of money with very little effort. In effect, taking account of how much the Treasury retained of the money staked on lotteries it administered directly, and of the commission it charged on those it licensed, the practice developed into an extraordinary means of fundraising to supplement the public purse. In short, this was the only charge the taxpayer parted with willingly and voluntarily. One might even say (and it remains true) that it is a tax on hope. In any case, lotteries administered by governments and privately (but always generating profits for the tax authorities unless they were clandestine) became increasingly popular and widespread around Europe. Apart from the success of lottery draws, the period was in any case marked by a keen passion for gambling, featuring wagers of all kinds. People bet on everything, from the election or death of sovereigns or popes to the sex of newborn babies (see figs 16-17, p. 26), from the date a fleet would return to port to the outcome of a battle or some other conflict... Everything was held together by a more or less transparent world of bookmakers, brokers and careful financial management, which constituted a not unimportant element of the current economy. And it may be no coincidence that the stock exchange came into being in the 16th century (in Flanders, between Bruges and Antwerp) and that we still use the term 'to play the stock market'. It is true, anyway, that the relationship between public finance and private speculation was and remains one of the mainstays of the economy.

Parallel to the increasing popularity of betting was the astonishing spread of the *Lotto del Seminario* or the *Lotto di Genova*, which is quite different from traditional lotteries and is still played. Its origins lie way back in the 14th century, but between 1576 and 1644 the government of Genoa gave the game a precise definition decreeing that each of the ninety candidates who would draw lots for appointment to the five highest offices of state should be assigned a number, on which players could bet. The Europe-wide popularity of the new game saw governments involved in managing it and competing against each other, attracting huge amounts of money and sometimes resulting in sensational cases of fraud, but at the same time it was accompanied by the usual ethical diffidence and condemnation of all kinds, driven by morals or financial policy. A good example of this was the case of papal Rome, which in 1731, after years of wavering, banning and theological debates, finally yielded to financial logic and declared the game legal and its proceeds a welcome support for worthy causes (see fig. 18, p. 27).

The second half of the 18th century saw the flourishing of casinos (for high-level tourism), gaming rooms (legal, semi-legal and clandestine) and *ridotti* or private gambling clubs. There were improvements in gaming equipment too and the old boards on which players placed their bets in games such as *Biribissi* gave way to the modern roulette, which now began to replace the still present playing cards as a metaphor for games of chance. Of course there was no lull in the debate over the moral acceptability of gambling and the dangers and illusions it carried with it, so games of chance continued to be forbidden and tolerated, licensed and banned until the 1800s, when the climate changed and gaming activities were allowed much less leeway.

The new cultural attitudes of the 19th century led almost to a recoil from the indulgence of the past. The traditional ethical considerations continued to exert a strong influence, but still more weight was lent by the new social and cultural climate, which on the one hand placed more value on merit than on good fortune, and on the other expressed greater concern for the wellbeing of the more vulnerable sections of the population and their protection from illusory expectations. Special hostility was reserved for lotto, which was much the most accessible and common form of games of chance and was denounced as "an epidemic" burdened "with the most immoral of the many taxes imposed by the State".

In addition, one of the products of the new social doctrines now gaining ground was the mutual aid societies that flourished among working people and often strictly forbade gambling. This led to countries such as France and England abolishing public lotteries altogether, and the climate was such that within four days of his entry into Naples on 11th September 1860, Garibaldi used his powers as the Dictator of the Two Sicilies to decree the abolition of the lotto (though the order was rapidly shelved after the annexation to the Kingdom of Italy and before it actually came into force).

The usual combination of scruples, agonizing and new regulations now accompanied the 19th towards the much faster moving world of the 20th century. Much of the old system endured, especially as regards the original motivations rather than actual practices, but then came the staggering volume of innovations that reinvigorated games of chance and ushered in the developments of recent times. There was no shortage of hugely successful and not especially 'dangerous' popular novelties such as the post-war phenomenon of *Totocalcio* in Italy, which started as a private initiative in 1946, or the *Lotteria di Capodanno* (later the *Lotteria Italia*), which has been running since 1957. This brings us up to a not-so-distant past in which ludic practices were still subject to rapid change: all those national lotteries for example, of which ten were still operating in the 1990s, have now disappeared in Italy. Scarcely a generation has passed since then, but those days seem almost to belong to prehistory compared with the omnipresent slot machines and computer games (though we mustn't forget their undoubted educational usefulness for differently abled children). One of the dramatically persistent problems still to be addressed concerns the pathologies linked to the ways new technologies enable people to bet. Ludopathy is an issue of enormous importance for society and is developing in parallel to an increasingly aggressive market. The Liberty Bell (the original 'one-armed bandit', not the bell that has been the symbol of the American Revolution since 1776!), which was invented well over a century ago, was superseded only relatively recently, but today the gambling industry has to tease the market with new slot machines and video-poker games and instant lotteries every month if it is to meet the demand for things to consume that are always different, always new, always 'the latest'. It is clear that the contest – entangling gamblers, innate impulses, industries, authorities, financial interests, moral and practical concerns, the need for social guarantees and much more besides – still hasn't finished. And it is a tussle that has already endured for centuries, increasing in complexity and importance in societies in which leisure time and game-like activities have become an intrinsic part of many people's life-style. The problem will continue to be what it has always been: how to strike the right balance between uncontainable inborn compulsions and the need to manage them satisfactorily.

But this is the point at which the great controller and arbiter of society – legitimately designated public authority – must take a stand and exercise its proper function.

To do this (and this is my final point) it must know where the problem comes from the better to understand how to proceed. Knowledge of the past helps to manage the present and plan the future more effectively.

The origins of modern gambling

The image of gamblers (rogues and swindlers) that the 18th century artist Giovanni Grevembroch (1731-1807) took from the 15th century *Cronaca Zancaruola*, placing them between the two great columns in Saint Mark's Piazzetta in Venice (see fig. 14, p. 24), can be seen as a sign of the start of gambling in the sense that we still perceive it today. The image reminds us that these individuals, confined as they were to the margins of society, were allowed to play games of chance in that particular place despite the fact that there was a total ban on gambling. It was an example of compromise between absolute prohibition and concession to a practice that may have been a sin or a vice but which simply could not be eradicated. What was permitted in this place and this place only, in full daylight and making no attempt at concealment and so exposing it to a kind of supervision via social control, was elsewhere subject to harsh punishment. Thus the authorities were able to keep a tight rein on an activity judged to be harmful and illegal, a compromise designed to curb an impulse that often assumed pathological dimensions. As early as the 1200s, seeing that it was quite impossible to stamp out the vice, public authorities faced with ever-increasing financial needs started to exploit the situation by establishing places under their direct management or more often under lucrative leasing arrangements where outlawed activities were permitted. Economic logic opened the way to the procedure, which indeed has been common practice ever since, of harnessing the money-making potential of behaviour that was considered to be deplorable in the name of public good, but keeping everything under control and trying to manage matters in a rational fashion. In short, absolute prohibition gave way to the difficult compromise that governments have always sought, representing some sort of balance between deviant behaviour and public interest.

Bonfires of the vanities and the age of modern gambling

The history of games of chance, as ancient as that of man himself, is scattered with events that mark turning points in its progress. A reference for the emergence of modern and contemporary practices might be the 1420s, when town squares first blazed with the bonfires of the vanities that often followed the sermons preached by the Franciscan friar Bernardino da Siena, and onto which his congregations threw all the frivolities and trifles that distracted them from virtuous behaviour. Along with wigs, rouge, hair dyes, masks, 'dangerous' books and indecent images, other things that finished in the flames included dice, chess boards and pieces and packs of playing cards. The practice spread rapidly and soon reached astonishing dimensions, to the point in 1452 when Giovanni da Capestrano reduced 3,612 board games and over 20,000 dice and playing cards to ashes in Nuremberg (see fig. 15, p. 25). The custom persisted throughout the 1400s and in some ways marked a critical moment for gaming. Back in the 1200s, gambling had become popular throughout Europe despite the concerns of legislators and moralists: it was a period when fears and misgivings were not strong enough to prevent gaming houses from being set up, places where gambling was permitted under the control of public authorities that derived a financial benefit either by managing the establishment directly or by granting licences for others to do so (much as modern casinos are run). But with the 15th century – and the bonfires of the vanities are a clear sign of the change – there was a much more serious debate as to the acceptability of gambling, which led in turn to clearer distinctions between what was allowed and what prohibited, distinctions in ethical, economic and social spheres that are still very much on the agenda. This then is the background of gaming in the modern age.

Lotteries, lotto, slot machines. The luck of the draw: a history of games of chance

39

Betting on everything

By the 1500s, economies had already devised all the instruments on which they are still based, including risk. Gambling too was part of economic systems according to a rationale that to a large extent remains unchanged. Punters could gamble on anything: on the outcome of a battle, on when a fleet would arrive in port, on who would be appointed a public official, on the price of a product (we still talk of 'playing the stock market'), on the winner of a race, on the death of a prince... the subjects of wagers may have changed but the process remains unaltered. A classic case was the widespread gambling on the election of the new Pope, as happened in 1555.

The 1700s were a triumphant highpoint for gambling, for lotto and lotteries, but it was also a century of considerable controversy. Writing in *Annali d'Italia* in 1737, for example, Ludovico Antonio Muratori described gambling as "sheer madness; not on the part of our sovereign lords, who showed masterly ingenuity in using it to extract blood from people without a needle; no, it was the people who were out of their minds, greedily courting poverty for the sake of winning a jackpot, willingly handing over their money to their wily rulers only to find out that very few of them reaped any benefit and the vast majority lost everything."

The game of lotto

1731, when Rome finally 'surrendered' to lotto, marked the final triumph of the nonpareil expression of mass gambling, which had already conquered the rest of Europe. Its rise began in Genoa in 1575, when appointment to the five highest political offices (the *Collegi*) took place twice a year with the city's most eminent citizens drawing lots; this was accompanied by heavy betting on the outcome, all of it clandestine and all systematically and unavailingly prohibited.

In 1642-1644, faced with an urgent need for money, the city authorities introduced an indirect tax on bets placed in the *Gioco del Seminario* (a reference to the urn from which the names were extracted) which was now run by the authorities themselves. This emergence from clandestinity and the appointment of concessionaire managers marked the birth of the game of lotto, substantially already in its present-day form. Bets were now placed on numbers rather than names. Wagers were also accepted by correspondence from abroad, but there were many examples of matters getting out of hand. The enormous revenues generated by the game led to its being taken up in Naples, Milan, Florence and Venice, with ethical scruples often stifled by the pursuit of economic advantage and the proliferation of backstairs betting shops. For Rome, the heart of Christianity, the problem was especially worrying and in 1728 Pope Benedict XVI threatened offenders with excommunication, but in 1731 he came to terms with reality by emphasizing the good uses to which the vast income could be put, in effect providing an ethical excuse for lotto to 'clear customs'.

The official announcement of the Pope's decision (see fig. 18, p. 27) is especially important because, after decades of censure, vacillations and moral hand-wringing, it once and for all authorized the playing of lotto in the Papal States. The considerations underlying the edict were varied in nature: financial, in that bets placed on foreign lottos were the cause of heavy covert exports of capital; legal and undermining of good government, in that it was an indictable offence to place bets abroad, so the change of tack countered many crimes; moral, in that profits from the game could be invested in good works, such as relief for orphans or for needy young women destitute of a dowry or also for public works such as the draining of the Pontine Marshes and the completion of the Palazzzo della Consulta, now the seat of the Constitutional Court.

Rules of Biribissi

Biribissi was a widely played gambling game, perhaps the most popular in Europe from the 17th century. The following are the rules set out in the *Vocabolario degli accademici della Crusca* (*Lemmario*), fifth edition (1866), vol. II, p. 190: "A sort of game of chance in which one player acts as banker and the others place bets. The game is played with a board painted with columns depicting 36 figures of various animals, flowers, etc., each marked with a number. There is also a bag containing a similar number of balls, each containing a card with a corresponding number and indication. One ball is extracted from the bag in each round of the game. The winner is the player who bet on the number or image extracted. The banker keeps the rest."

If there are thirty-six numbers (as was usual in Italy) the winnings amounted to thirty-two stake units and the remainder stayed with the banker. As in present-day roulette it was possible to bet on one or on two or four adjacent numbers and it marked the first appearance of potential multiple wins.

40

Lotteries, lotto, slot machines. The luck of the draw: a history of games of chance

ALBERTO FIORIN
Glossary of games most often mentioned

Aliosso
Synonym of *Astragalo* (from the Latin *aleae ossum*, 'betting bone').

Astragalo
A small bone from the ankle of hoofed animals such as goats and sheep, once used as four-sided dice.

Barca, Gioco della
A board game played with two dice: the players put a predetermined number of counters in a dish and then take it in turns to throw the dice. The first to throw dice adding up to 7 (6/1, 5/2, 4/3) takes all the counters. Any other combination entails 'payment' of another counter into the dish.

Baro
Someone who cheats, especially at cards. In the 18th century in particular, cheats were referred to as 'Greeks'.

Bassetta
"A cross between blackjack, poker and gin rummy."
A card game for three players and a banker, using a pack of fifty-two cards, popular from the 17th century; each player chose two of the cards he or she had been dealt and staked any amount of money on them. Two cards were then dealt from the banker's hand, one of which indicated the winning suit for the banker and the other for the players. The banker then proceeded to pay out or rake in the winnings. The game, which was quite easy to play and thus potentially ruinous, became extremely popular but eventually gave way to *Faraone/Faro*, which is structurally quite similar.

Bet
Betting involves risking money or some other stake on a forecast outcome.

Biribissi
An extraction or lottery-type game, played on a board with a certain number of images (usually thirty-six). Players placed bets on the image of their choice. The banker drew a ball (called an 'olive') from a bag; each ball contained a card bearing one of the images that could be extracted with a sort of bodkin. The player who had bet on the image extracted received a payout equal to the original stake multiplied by *x* times, depending on the type of combination. The game may be considered a forerunner of roulette (as regards the structure of the board); it also gained popularity in France at the beginning of the 1700s with the name *Biribi*.

Bog
A similar game to *Nano giallo* (see *Nano giallo*).

Boule
A game similar to roulette, which is still played in some European casinos. The wheel has only eighteen pockets and nine numbers, each repeated in red and black; the number 5 equates to 0 in roulette. *Boule* carries much more risk than other games of chance, including roulette.

Cavagnola
A similar game to *Biribissi* (see *Biribissi*).

Chip
A disc made of metal or some other material (ivory, bone, card, plastic) used in place of cash in many games; it is a synonym of fiche. Each chip has a conventional value, according to which it may be of a different colour, size or shape. It may also be used in slot machines or for videogames.

Dice
A small cube with six faces, numbered from 1 to 6. Opposing faces all add up to 7 (6/1, 5/2 and 4/3). Dice have been used in the Mediterranean area since 2000 BC. and they have also been documented in pre-Columbian cultures in America, in Africa and in the Pacific islands.

Faraone / Faro
Four to ten players and a banker used a fifty-two-card deck of cards and a board with a suit of thirteen cards pasted on it. Each player laid a stake on any one of the cards in the layout and the banker then drew two cards from the deck: the first was the banker's card and the other the losers'. The banker raked in all the stakes placed on the card with the same denomination as the losers' card, and paid out even money to anyone who bet on the other. *Faraone* was similar to *Bassetta* (basset), the main difference being that in the former it was the player who decided how much the stake should be and not the banker. *Faraone* was considered the pre-eminent gambling game in the 18th century, was mentioned by Casanova and became a fixed part of social life. In the 19th century it became popular in the American Far West with the name of *Faro*.

Fiche
A chip or counter in games of chance.

Gioco reale
A similar game to *Biribissi*.

Lottery
An extraction game that can be played at several more or less complex levels. In lotteries involving no more than a few hundred people, the game is played with two-part tickets, half being retained by the purchaser as a receipt and the stub being retained and placed in an urn. The first number to be extracted from the urn is coupled with the first prize, and so on. Large-scale nationwide lotteries, on the other hand, entail the sale of millions of tickets, each of which has not only a number but also a series of letters. Games similar to lotteries were fashionable in Ancient Rome; they disappeared with the fall of the Empire but reappeared in the 1400s, also organized by States that used them to generate revenues in times of economic difficulty.

Lotto
A game that in Italy involves betting on a certain number or numbers being extracted on the turn of a given wheel or on all wheels. As many as five numbers may be chosen (*estratto, ambo,*

Lotteries, lotto, slot machines. The luck of the draw: a history of games of chance

41

terno, quaterna, cinquina) and there are eleven wheels, corresponding to the capital of ten Italian provinces (Bari, Cagliari, Florence, Genoa, Milan, Naples, Palermo, Rome, Turin and Venice) plus the recently introduced 'National Wheel', with ninety numbers. Three times a week five numbers are extracted from each urn. The player who guesses correctly wins a sum calculated according to the overall total staked and to the betting system adopted.

The earliest documentation of a game similar to lotto dates from the first half of the 16th century, around 1530; other sources say the game was already being played in Genoa in the 15th century. The current formula for the *Gioco del lotto* in fact derives from a common practice in Genoa in the 16th century that enabled people to bet on the names of citizens who were candidates for public office. The game was inspired by an electoral system that entailed filling the highest offices of the Republic through the chance extraction of five names from a pool of up to one hundred and twenty especially worthy citizens. The game was called *Giuoco del Seminario* after the urn from which the names were extracted. The game spread from Genoa all over Europe, though its mechanics changed considerably over time and place.

Lotto reale
A similar game to *Biribissi* (see *Biribissi*).

Nano giallo / Le Nain jaune
A board game for three to eight individually competing players, with a deck of fifty-two cards. Illustrated on the board are five special-value cards, on which each player must place a pre-determined number of chips before starting. The object of the game is to lay the cards in sequence on the table, getting rid of them all before the other players. Any player who lays one of the special-value cards on the table wins the stakes placed on the corresponding board card, and the one that gets rid of all his or her cards first receives chips from the others equal to the number of cards they each still have in their hands.

Piria
A Venetian term meaning a bet.

Ridotto
The *ridotto* was the first gaming house in the world to be run by the State; it opened in Venice in 1638. Only nobles could act as bankers and they had to wear a wig and a toga when doing so. Their face also had to be left uncovered whereas the players had always to wear a mask. The *ridotto*, famously depicted by Francesco Guardi, Pietro Longhi, Gabriele Bella and many other Venetian painters, was finally closed by the Venetian Republic in 1774.

Roulette
A game of chance played with a board and a rotating wheel divided into thirty-seven pockets; numbers 1 to 36 are coloured alternately red and black while the zero pocket is green. American roulette has thirty-eight pockets, including two zeros. Once the players have placed their stakes on the board, the croupier spins the wheel anti-clockwise and casts the ball in the opposite direction. The pocket in which it comes to rest determines the winner. In French roulette the house has a 2.7 per cent advantage over the punters and a 5.3 per cent advantage in the American version.

Scratch cards
A form of instant lottery with fixed prize payouts, popular in Italy since 1997. Every card is printed with a winning or losing combination of numbers or images. On purchase, these are hidden by an opaque substance that can be scratched away to reveal whether or not the purchaser has won, and if so how much. Smallish winnings are often paid immediately.

Slot machine
A machine activated by a coin or a token, which spins a certain number of reels with compartments depicting numbers or other images. If the reels come to rest showing pre-determined combinations of symbols the machine will disburse a payout of coins or tokens into a tray.

Slot machines were invented in the USA, in San Francisco, in 1895; the name comes from the slot into which the coin or token is inserted.

Tombola / Bingo
A game based on the random extraction of numbers between 1 and 90. Players buy a card with fifteen numbers printed arbitrarily in three rows; they mark off the extracted numbers as they are called. Prizes are won by the players who are first to mark off two, three, four or five numbers in the same row, and then by the first to mark off the complete card (*Tombola*). The prizes are funded with the money the players pay for their cards. Public *Tombola* games, with hundreds or thousands of cards in circulation, highlight the similarities between *Tombola* and lotto. The American and British variant of *Tombola* is called bingo.

Questo volume
è stampato in 500 copie
su carta Palatina da 120 grammi delle
Cartiere Miliani Fabriano S.p.A. per gli interni
e su cartoncino Conqueror da 220 grammi
del gruppo Arjo Wiggins per la copertina.

Finito di stampare
nel mese di marzo 2019
da Logo s.r.l., Borgoricco (Padova).